# CONTEÚDO DIGITAL PARA ALUNOS

Cadastre-se e transforme seus estudos em uma experiência única de aprendizado:

**1** Escaneie o QR Code para acessar a página de cadastro.

**2** Complete-a com seus dados pessoais e as informações de sua escola.

**3** Adicione ao cadastro o código do aluno, que garante a exclusividade de acesso.

7882519A8673215



**Agora, acesse:**
**www.editoradobrasil.com.br/leb**
**e aprenda de forma inovadora e diferente! :D**

*Lembre-se de que esse código, pessoal e intransferível, é valido por um ano. Guarde-o com cuidado, pois é a única maneira de você utilizar os conteúdos da plataforma.*

Editora do Brasil

**MARIA CRISTINA G. PACHECO**

- Pesquisadora licenciada em Pedagogia e Artes Plásticas
- Professora de Espanhol e Inglês em instituições de ensino de São Paulo
- Autora de livros didáticos e paradidáticos para o ensino de línguas estrangeiras
- Pioneira na formação de professores de Espanhol para brasileiros

APOEMA

# ESPANHOL

# 9

ÁUDIOS NO PORTAL

**1ª edição**
São Paulo, 2019

Editora do Brasil

**Dados Internacionais de Catalogação na Publicação (CIP)**
**(Câmara Brasileira do Livro, SP, Brasil)**

Pacheco, Maria Cristina G.
Apoema espanhol 9 / Maria Cristina G. Pacheco. – 1. ed. – São Paulo : Editora do Brasil, 2019. – (Coleção apoema)

ISBN 978-85-10-07790-3 (aluno)
ISBN 978-85-10-07791-0 (professor)

1. Espanhol (Ensino fundamental) I. Título II. Série.

19-28777 CDD-372.6

**Índices para catálogo sistemático:**
1. Espanhol : Ensino fundamental 372.6

Maria Alice Ferreira - Bibliotecária - CRB-8/7964

1ª edição / 2ª impressão, 2020
Impresso na Serzegraf Ind. Editora Gráfica Ltda.

Editora do Brasil

Rua Conselheiro Nébias, 887
São Paulo, SP – CEP 01203-001
Fone: +55 11 3226-0211
www.editoradobrasil.com.br



**Direção-geral:** Vicente Tortamano Avanso

**Direção editorial:** Felipe Ramos Poletti
**Gerência editorial:** Erika Caldin
**Supervisão de arte e editoração:** Cida Alves
**Supervisão de revisão:** Dora Helena Feres
**Supervisão de iconografia:** Léo Burgos
**Supervisão de digital:** Ethel Shuña Queiroz
**Supervisão de controle de processos editoriais:** Roseli Said
**Supervisão de direitos autorais:** Marilisa Bertolone Mendes

**Supervisão editorial:** Selma Corrêa
**Edição:** Esther Herrera Levy
**Assistência editorial:** Camila Grande, Camila Marques, Carolina Massanhi, Gabriel Madeira e Mariana Trindade
**Auxílio editorial:** Laura Camanho
**Copidesque:** Gisélia Costa, Ricardo Liberal e Sylmara Beletti
**Revisão:** Andreia Andrade, Elaine Silva, Elis Beletti, Marina Moura, Martin Gonçalves e Rosani Andreani
**Pesquisa iconográfica:** Tatiana Lubarino
**Assistência de arte:** Lívia Danielli
**Design gráfico:** Estúdio Anexo e Renné Ramos
**Capa:** Megalo Design
**Imagem de capa:** Kobby Dagan/Shutterstock.com
**Ilustrações:** Wasteresley Lima, Marcos Guilherme, João P. Mazzoco, Paula Radi e Estúdio Mil
**Produção cartográfica:** Alessandro Passos da Costa e DAE (Departamento de Arte e Editoração)
**Coordenação de editoração eletrônica:** Abdonildo José de Lima Santos
**Editoração eletrônica:** YAN Comunicação
**Licenciamentos de textos:** Cinthya Utiyama, Jennifer Xavier, Paula Harue Tozaki e Renata Garbellini
**Produção fonográfica:** Cinthya Utiyama e Jennifer Xavier
**Controle de processos editoriais:** Bruna Alves, Carlos Nunes e Stephanie Paparella

# APRESENTAÇÃO

**¡Hola! Bienvenido al Projeto Apoema!**

O conhecimento de uma língua estrangeira é essencial para o acesso a novos mundos, para ampliar nossas opções no futuro e conseguirmos boa colocação no mercado de trabalho. Por isso, é importante e gratificante aprender a língua espanhola – que conecta o mundo todo –, compreender as culturas das quais essa língua faz parte e interagir com elas de maneira única.

**Apoema** é uma palavra da língua tupi que significa "aquele que vê mais longe". Nosso objetivo é levar você a conhecer lugares, pessoas, comidas e costumes diferentes durante o aprendizado da língua espanhola e a desenvolver habilidades para usá-la corretamente.

Nossa metodologia ensina o uso do espanhol por meio de assuntos atuais e interessantes para que você possa se comunicar usando essa língua, entendê-la e escrevê-la de forma fluente. Você irá inter-relacionar-se com o mundo e expandir seus horizontes, ou seja, verá mais longe.

**¡MANOS A LA OBRA!**

# CONHEÇA O SEU LIVRO

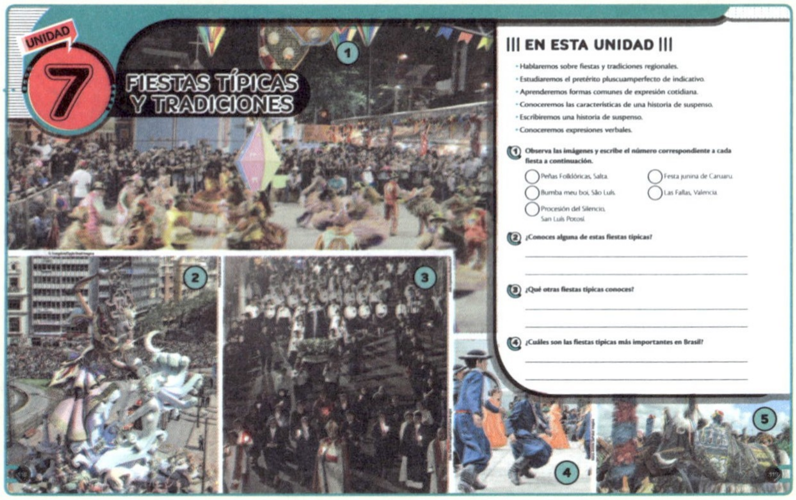


O livro tem oito unidades e cada uma contém quatro capítulos. O **Capítulo 1** começa com a seção **¡Prepárate!**, que apresenta um texto de introdução ao tema da unidade, que pode ser trabalhado como exercício de áudio acompanhado de atividades de interpretação.

**Na abertura de unidade**, você verá o conteúdo que será estudado e praticará a língua espanhola por meio de uma ou várias atividades relacionadas a imagens e conhecimentos básicos.

Na seção **¡Lengua!**, você encontra tópicos gramaticais explicados de forma detalhada.

Na seção **Bolígrafo en mano**, você pode consolidar o que aprendeu por meio de atividades de escrita que abrangem os mais diversos fins, sempre com foco na gramática e no vocabulário abordados na unidade.

O boxe **Para ayudarte** aparece várias vezes no decorrer da unidade, com palavras e expressões relacionadas ao assunto estudado, além de diversas ocorrências de determinado termo no mundo hispanohablante, o que propicia a ampliação de seu vocabulário.

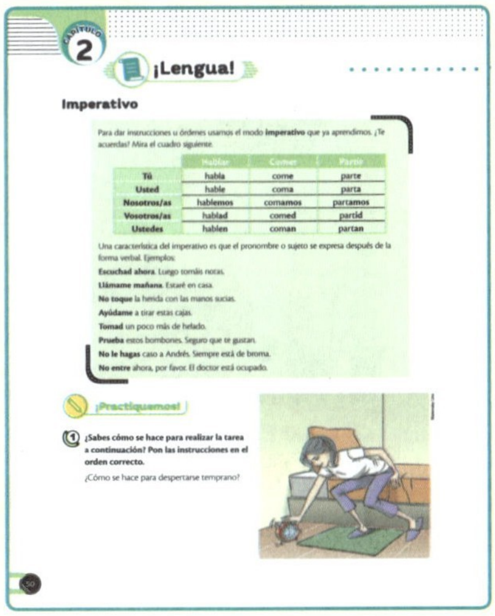

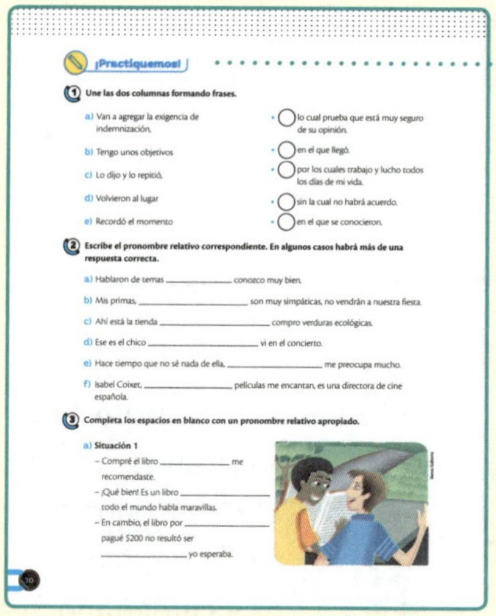


A subseção **¡Practiquemos!** indica exercícios que privilegiam a prática de escrita para consolidação de algum tópico gramatical, vocabulário etc., além de interpretação e trabalho com texto.

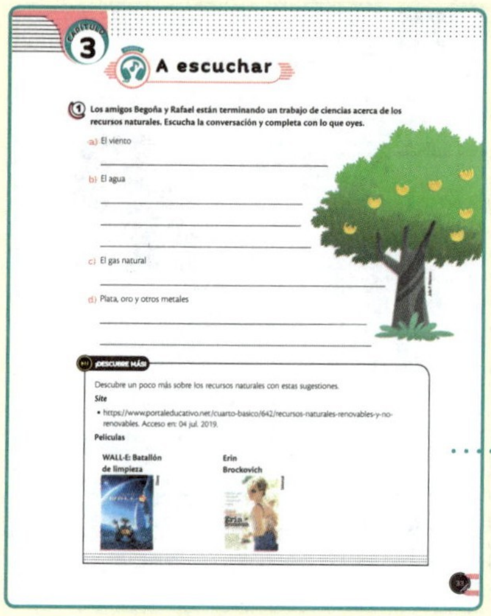


O boxe **¡Descubre más!** apresenta sugestões de vídeos, filmes, livros, *websites* etc., sempre alinhadas ao assunto da unidade.

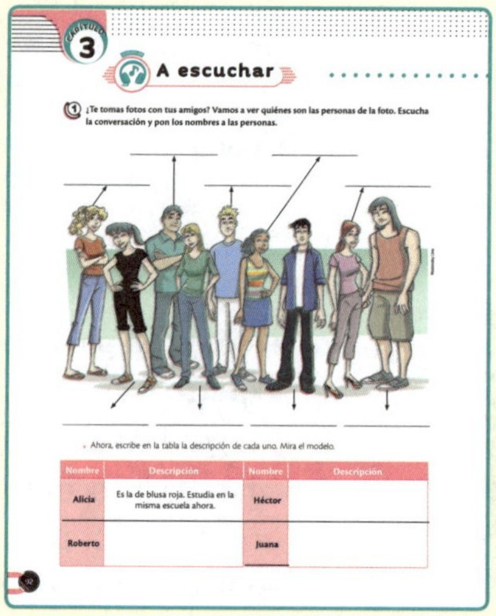


A seção **A escuchar** sinaliza exercícios com desenvolvimento de áudio. O objetivo é ajudá-lo a entender a língua falada, a fixar a pronúncia de novos vocabulários e estruturas da unidade e a identificar variações de pronúncia e sotaque.

Na seção **¡A jugar!** os exercícios são mais lúdicos para você praticar a língua espanhola de forma divertida.

# CONHEÇA O SEU LIVRO

O objetivo do boxe **En equipo** é promover a socialização e atuação em equipe por meio de uma atividade que envolverá uma breve pesquisa em grupo e um debate coletivo com base nos dados coletados.

No **Capítulo 4** de cada unidade, ora você encontra a seção de trabalho **Soy ciudadano**, ora a **Atando cabos**, que têm interação multidisciplinar e trabalham com textos voltados à formação cidadã.

A seção **La palabra del experto** é apresentada em geral duas vezes em cada livro, trazendo textos escritos por especialistas de diversas áreas sobre temas atuais e relacionados ao assunto da unidade.

Na seção **Cultura en acción**, você tem a oportunidade de consolidar, preparar, elaborar e ampliar de forma interdisciplinar um tema já abordado no volume. Por meio do trabalho com um bem artístico-cultural, são desenvolvidas propostas de pequenos projetos que podem ser executados ao final de cada semestre.

Em algumas atividades, você encontrará os ícones a seguir.

Indica atividades que usam áudio nas seções **¡Prepárate!** e **A escuchar**.

Apresenta atividades orais.

Indica atividades que utilizam o dicionário.

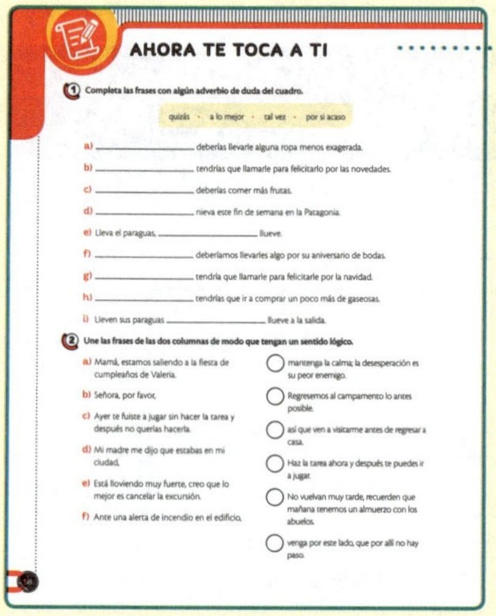


Em todas as unidades, há atividades adicionais, reunidas na seção **Ahora te toca a ti**, para você revisar o conteúdo e praticar ainda mais o que aprendeu.

A seção **Desafío** é composta de questões de provas do Exame Nacional do Ensino Médio (Enem), de vestibulares etc., para você se preparar para as provas das instituições de Ensino Superior.

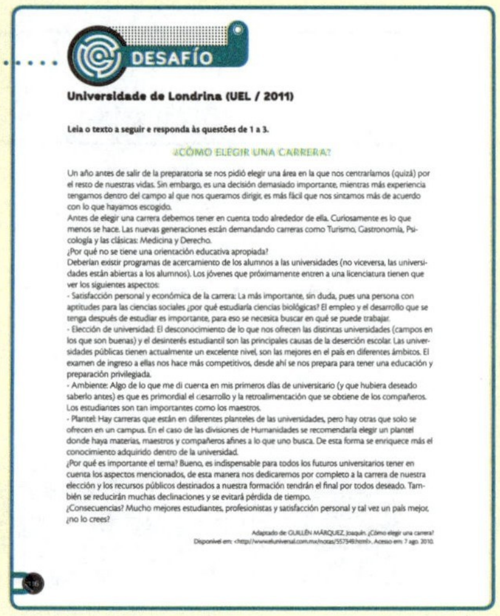


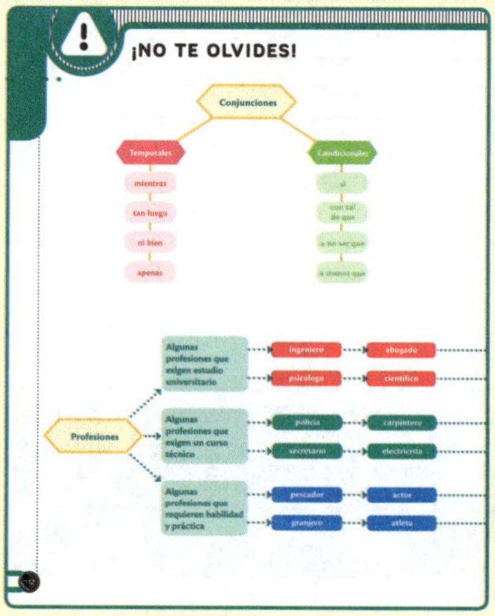


A seção **¡No te olvides!**, encontrada no final das unidades pares, contém mapas conceituais dos conteúdos de gramática e vocabulário das duas últimas unidades.

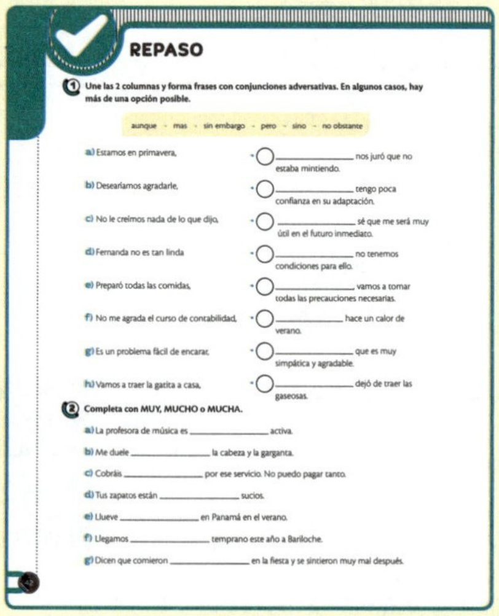


A seção **Repaso**, apresentada em seguida, traz atividades com o objetivo de consolidar seu conhecimento do conteúdo das unidades.

No final de cada livro, há um breve glossário bilíngue (**Glosario**) dos termos encontrados nas unidades.

# SUMARIO

## Unidad 1 – El desarrollo urbano



## Unidad 2 – Los recursos naturales



## Unidad 3 – Actividades de fin de semana



## Unidad 4 – Hábitos alimenticios

## Unidad 5 – La moda



## Unidad 6 – Las profesiones



## Unidad 7 – Fiestas típicas y tradiciones



## Unidad 8 – Las vacaciones escolares

UNIDAD 1

# EL DESARROLLO URBANO

Gerson Gerloff/Pulsar Imagens

Jorge Araujo/Folhapress

# ||| EN ESTA UNIDAD |||

- Aprenderemos las conjunciones adversativas.
- Estudiaremos los verbos de movimiento.
- Aprenderemos a ubicar lugares.
- Estudiaremos los adverbios de lugar, tiempo y cantidad.
- Aprenderemos a escribir una narrativa.
- Practicaremos las direcciones y posiciones.
- Hablaremos sobre los medios de transporte.
- Describiremos cambios.
- Hablaremos sobre el crecimiento urbano y el uso adecuado de los medios de transporte.

**1** **¿Cómo es tu ciudad? Charla con tus padres y abuelos acerca de la ciudad en que viven. ¿Es la misma de cuando ellos eran niños? ¿Qué ha cambiado?**

Actividad oral

Geraldo Gomes/Opção Brasil Imagens

Rogerio Reis /Tyba

CAPÍTULO 1

# ¡Prepárate!

**1** **¿En la ciudad en donde vives hay mucho tránsito de vehículos y de gente en las calles? ¿Siempre viviste allí? ¿Sabes cómo fueron los cambios de tu ciudad en los últimos años? ¿Alguna vez acompañaste a una persona mayor caminando o paseando por tu ciudad? ¿Es fácil andar a pie en las calles? ¿Qué pasa en el diálogo?**

AUDIO 1

**Manuel:** ¡Ay, no vayas tan rápido! Mira cuántos huecos hay en las aceras, ¡te vas a caer!

**Bisabuelo:** Bueno, bueno. Que si me caigo no llego al piso. Con esta cantidad de gente no voy a conseguir caerme.

**Manuel:** ¿Cuándo llegaste a São Paulo, bisabuelo?

**Bisabuelo:** Hace mucho. Llegué en 1955. Yo tenía 15 años y en esa época me asusté con esa gran ciudad. Pero ahora hay 10 veces más gente, 1000 veces más autos, ruido, violencia, de todo.

**Manuel:** ¿Qué te gustó de la ciudad?

**Bisabuelo:** Me parecía todo tan elegante. Yo me sentía como en una película en el cine. Todos andaban con sombrero. Era todo muy diferente. No había todos esos puentes, semáforos, el metro, nada de eso.

**Manuel:** ¿Qué está mejor en tu opinión?

**Bisabuelo:** Todo es más descentralizado. Si uno no quiere salir de su barrio ahí encuentra de todo: cine, bancos, hospital, escuela. Esto está mejor, sin embargo, lo que me preocupa es la violencia, eso empeoró mucho.

**Manuel:** Este... creo que estamos medio perdidos. Me parece que vamos a tener que pedir ayuda. ¿Señora, por favor, dónde es la calle São Bento?

**Señora:** Están cerca. Sigan dos cuadras más, doblen a la derecha y después a la izquierda.

**Manuel:** Gracias señora, muy amable.

**Señora:** De nada.

**a)** ¿Por qué Manuel no quiere que su bisabuelo ande tan rápido?

_______________________________________________

**b)** ¿En qué año llegó y cuantos años tenía el bisabuelo cuando llegó a la ciudad?

_______________________________________________

**c)** ¿Cuáles son las cosas que le parecen mejor y peor en la opinión del bisabuelo?

_______________________________________________

_______________________________________________

## ¡Lengua!

# Conjunciones adversativas

**Pero** ahora hay 10 veces más gente. **Sin embargo**, lo que me preocupa es la violencia.

Esas conjunciones muestran oposición o incompatibilidad. Vamos a conocer algunas de ellas.

| Conjunciones | Ejemplos |
|---|---|
| pero | Estamos en pleno invierno, **pero** hace calor. |
| sin embargo | Empezó la primavera, **sin embargo** hace un frío terrible. |
| mas | Es un verano tropical, **mas** no llueve nada. |
| aunque | Iremos a verte, **aunque** esté nevando. |
| sino | Ese no es el problema, **sino** lo que te dije antes. |
| no obstante | Trataré de recibirlo amablemente, **no obstante** no me agrade nada. |

También son conjunciones adversativas: **siquiera**, **al contrario**, **a pesar de**, **si bien**, **con todo**, **antes bien**.

## ¡Practiquemos!

**1** **Une las 2 columnas y forma frases con las conjunciones adversativas del recuadro siguiente. En algunos casos, hay más de una opción posible.**

aunque • sin embargo • no obstante • pero • sino

a) ______________ corrimos,

b) No es que no la aprecie,

c) No estudió lo suficiente,

d) Es una familia que no es rica,

( ) ______________ que vive muy bien con sus pocas economías.

( ) ______________ que está muy enojada con ella ahora.

( ) no llegamos a tiempo a la prueba.

( ) ______________ tiene suerte, y pasó en todas las pruebas.

PARA AYUDARTE

## Cómo ubicar lugares: adverbios de lugar y verbos de movimiento

- ¿Qué haces cuando buscas un lugar y no lo encuentras?
- ¿Conoces bien tu barrio?
- ¿Sabrías ayudar a alguien en tu barrio que busca una calle o un negocio?

Fíjate en estos adverbios de lugar. Algunos son muy parecidos con los del portugués:

aquí, ahí, allí, allá, acá, cerca, lejos, arriba, abajo, delante, detrás, enfrente, encima, debajo, donde

### Estoy perdido

- ¿Perdóneme, cómo puedo ir a ...?
- ¿Cuál es el mejor camino a...?
- ¿Está lejos?
- ¿Está cerca?
- ¿Dónde queda?

### Para ubicarnos mejor

| | |
|---|---|
| 2 cuadras más | Enfrente de |
| A la vuelta de la esquina | Es lejos |
| Al otro lado de | Justo después de |
| Derecho / adelante | A la izquierda |
| En la esquina de | Al lado de |
| Es cerca | Delante de |
| Justo antes de | Detrás de |
| A la derecha | Entre |
| Al final de la calle | Hacia adelante |
| Antes de | Todo recto |
| Después de | |

### Verbos de movimiento

| | | | | |
|---|---|---|---|---|
| Cruzar | Doblar | Seguir | Volver | Pasar |
| Encontrar | Girar | Ir | Salir | Regresar |

### Vialidad

| | | |
|---|---|---|
| El cruce | El paso de peatones | El puente |
| El río | El semáforo | El túnel |
| La acera / la vereda | La carretera | La esquina |
| La calle | La rotonda | La señal |

## ¡Practiquemos!

**1** **¿Vamos a visitar a unos amigos? ¿Cómo llegamos a la casa de Graciela? Graciela vive en la calle anterior a la rotonda, en la esquina de la izquierda.**

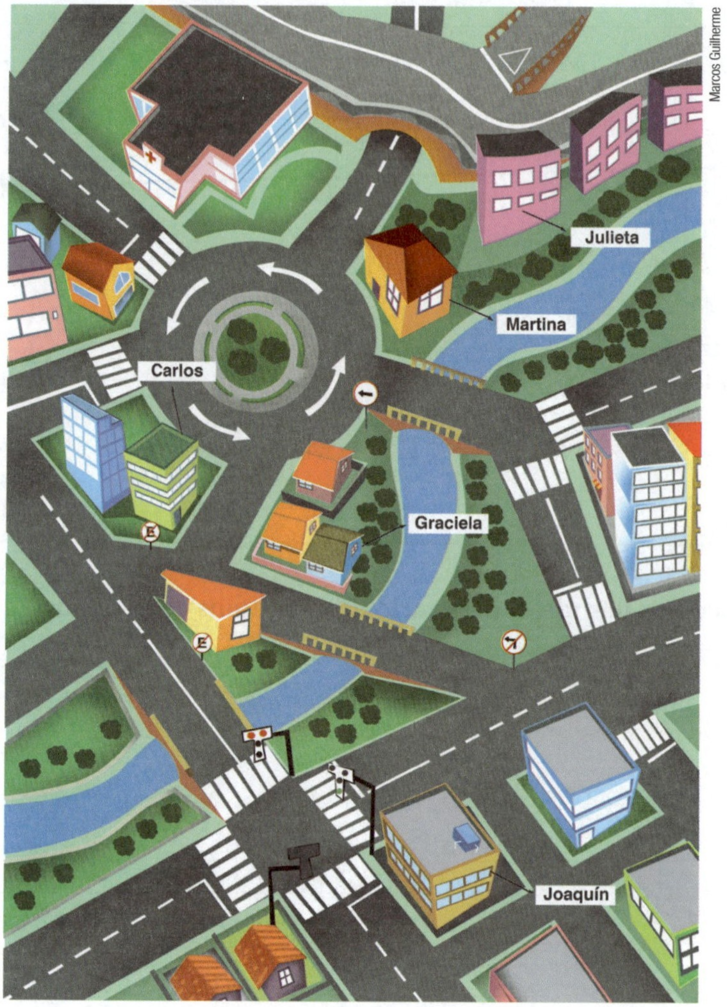


a) Carlos: ______________________________________________

______________________________________________

b) Martina: ______________________________________________

______________________________________________

c) Julieta: ______________________________________________

______________________________________________

d) Joaquín: ______________________________________________

______________________________________________

## ¡A jugar!

**1** **Encuentra cinco verbos de movimiento en la sopa de letras.**

| | | | | | | | | | | | | | | |
|---|---|---|---|---|---|---|---|---|---|---|---|---|---|---|
| C | S | U | N | M | V | I | L | E | G | F | A | R | T | U |
| A | R | C | Y | M | O | N | D | O | B | L | A | R | A | G |
| R | O | U | N | O | L | C | O | N | D | E | E | O | O | H |
| T | E | I | Z | A | V | E | N | M | K | O | P | J | I | R |
| C | S | O | S | A | E | J | B | G | L | Y | U | F | V | G |
| Z | A | R | U | T | R | M | V | I | P | J | K | I | Q | P |
| V | E | C | R | N | L | K | M | A | T | R | M | E | P | R |
| E | N | C | O | N | T | R | A | R | H | U | D | P | A | F |

**2** **Ahora conjuga estos verbos, si necesario, ubicándolos en el diálogo a continuación.**

cruzar • pasar • encontrar • seguir • doblar • ir

**Hernando:** ¿Cómo llego a las Chacras, tío Luis?

**Tío Luis**: Primero, ________________ por la Avenida Güemes y ________________ dos cuadras hacia el centro.

**Hernando:** Sí, sí, y, entonces, ________________ antes o después de la plaza 25 de agosto?

**Tío Luis:** No, no, no, espera; ________________ derecho hasta el bulevar Mate de Luna y ________________ a la derecha antes de ________________ la avenida Rivadavia.

**Hernando:** ¿Voy a ________________ cerca de la parada del ómnibus que va a las Chacras, entonces?

**Tío Luis:** Espera, espera; vas a ________________ la estación de los ómnibus que salen de Catamarca; y ________________ a ir derecho al mostrador del colectivo número siete. Ese te lleva directo a la casa de la tía Gringa.

# ¡Lengua!

## Adverbios de cantidad: muy y mucho

**Fíjate:**

Era todo **muy** diferente.

Hace **mucho** que llegué a São Paulo.

**Semejanzas:** ambos se usan para dar idea de cantidad o de intensidad.

**Diferencias**

a) **Muy** es un adverbio que se utiliza delante de adjetivos y de otros adverbios. Ejemplo: ¿Cómo está tu familia? Espero que estén todos muy bien, ¿no?

b) En cambio, se usa:

- **Mucho(a)** + sustantivo: **mucho(a)** funciona como un adjetivo que modifica sustantivos en singular. Ejemplo:

Mis padres tienen **mucha** urgencia de llegar a casa hoy.

- Verbo + **mucho**. En ese caso, **mucho** es un adverbio que modifica al verbo. Ejemplos:

Me gusta **mucho** la música árabe.

### ¡Practiquemos!

Wasteresley Lima

**1 Completa con MUY, MUCHO o MUCHA.**

a) Tengo ____________ hambre.

b) Mi padre es ____________ joven.

c) Estamos realmente ____________ contentos con los resultados.

**2 Escoge la mejor opción para completar las frases a continuación.**

a) En mi ciudad hay ____________ parques.

( ) muchos ( ) mucho ( ) muy

b) En las afueras de la ciudad hay ____________ zonas industriales.

( ) muchas ( ) mucha ( ) muy

# Bolígrafo en mano

**1** **¿Vamos a escribir una narrativa acerca de algo que involucre tu ciudad y tu comunidad? Lee las siguientes informaciones y después escribe en tu cuaderno el tema propuesto.**

**Instrucciones**

a) **Selecciona el método de presentación.**
Una de las formas más comunes de narración es la cronológica, que cuenta una historia desde un punto de partida fijo y termina con un desenlace determinado.

b) **Limita el tema de tu historia.**
Reduce tu historia a uno o unos pocos episodios cortos que ilustren su esencia.

c) **Elabora una introducción que capte la atención del lector.**

d) **Completa tu narrativa contando el resto de tu historia.**
Algunos puntos que puedes tener en cuenta al escribir este y cualquier otro texto incluyen el **tiempo** (pasado o presente), el **tono** (los sentimientos que deseas evocar) y la **forma** en que el resto de los personajes se expresan.

**Partes de una narrativa**

Son tres:

**a)** Principio o planteamiento.
**b)** Conflicto o nudo.
**c)** Desenlace, resolución o conclusión.

- **Principio o planteamiento**
  Es el que define al narrador, si es de primera, segunda o de tercera persona y explica cuál será el tema de la narración.
- **Conflicto o nudo**
  Esta es la parte donde se desarrolla completamente el planteamiento, donde se explican los sucesos y pasos que tienen los personajes de la narración.
- **Conclusión**
  Hay varias formas de encerrar una narrativa. Esclarecer el conflicto es una de ellas.

e) **Escribe el borrador y edita tu trabajo.**
Siempre lee tu trabajo en voz alta para encontrar cualquier oración confusa y palabras ambiguas. Busca errores ortográficos y gramaticales.

f) **Escribe el texto final en tu cuaderno.**

AUDIO 2

# A escuchar

**1** **Escucha la conversación y contesta a las preguntas.**

a) ¿Dónde están los personajes?

- ◯ en la calle.
- ◯ en un museo.
- ◯ en el teléfono.
- ◯ en una heladería.

b) ¿Qué localizadores son mencionados en la audición?

- ◯ todo recto.
- ◯ a la derecha.
- ◯ a la izquierda.
- ◯ lejos.
- ◯ detrás de.
- ◯ cerca.

c) ¿Quién da las informaciones?

- ◯ un hombre.
- ◯ una mujer.

d) ¿A qué distancia están los chicos de donde tienen que ir?

- ◯ A 8 cuadras.
- ◯ A 4 cuadras.

e) ¿Uno de los chicos entiende todo con una sola explicación?

- ◯ Sí
- ◯ No

f) ¿A qué lugar van los chicos?

- ◯ A una heladería.
- ◯ A un museo.

g) ¿Qué sorpresa le informa la señora?

________________________________________

h) ¿Qué sugiere la señora para que los chicos no pierdan el viaje?

________________________________________

i) ¿Y a él le gusta la idea?

________________________________________

**2** **Ahora, tus opiniones.** Actividad oral

**a)** Cuando te dan alguna información detallada, ¿puedes memorizarla rápido?

**b)** ¿Hay algún Museo de Arte Moderno en tu ciudad?

**c)** ¿Qué harías si fueras el personaje de este diálogo?

## EN EQUIPO

**1** **Lee el texto siguiente sobre el crecimiento urbano y después responde la actividad.**

https://news.un.org/es/story/2018/05/1433842

# Las ciudades seguirán creciendo, sobre todo en los países en desarrollo

16 de mayo 2018, Nueva York

Actualmente, el 55% de las personas en el mundo vive en ciudades. Según un nuevo informe de la Organización, se estima que esta proporción aumentará hasta un 13% de cara a 2050, por lo que el desarrollo sostenible dependerá cada vez más de que se gestione de forma apropiada el crecimiento urbano, especialmente en los países de ingresos medios y bajos que son los que liderarán el proceso.

El Departamento de Asuntos Económicos y Sociales de las Naciones Unidas ha lanzado un documento que prevé que el 68% de la población vivirá en zonas urbanas de cara a 2050.

La causa reside en que parte de la población mundial desplazará su lugar de residencia de las áreas rurales a las urbanas y, a esta predicción, se unen las perspectivas de crecimiento demográfico, según las que cerca de 2500 millones de personas adicionales vivirán en las ciudades para esa fecha.

Se prevé que este aumento se producirá de forma desigual en términos geográficos y que, además, algunas de las urbes que actualmente presentan un mayor tamaño podría ver reducido su número de habitantes.

"La urbanización va a continuar y lo va a hacer más rápido en los países de ingresos bajos y medios", señala Lina Bassarsky, oficial de asuntos de población.

Disponible en: https://news.un.org/es/story/2018/05/1433842. Acceso en: 02 jul. 2019.

- En parejas, haz una investigación sobre los tipos de transporte urbano que tenemos en el mundo y su relación con el medio ambiente. Haz anotaciones con el resultado de tus investigaciones en tu cuaderno.

**Orientaciones**

- Busca las principales consecuencias del transporte sobre el entorno urbano y el medio ambiente.
- Identifica distintos tipos de contaminación asociados a los transportes.

**2** **Fíjate bien en el dibujo de esta ciudad y marca las distintas partes de la lámina siguiendo las indicaciones.**

Marcos Guilherme

**a)** Espacios por donde circulan los vehículos – haz una trama con líneas perpendiculares.

_______________________________________________

**b)** Medios de transporte que emiten humos y gases tóxicos – marca con una X.

_______________________________________________

**c)** Espacios donde se acumulan basuras y residuos – haz un círculo.

_______________________________________________

**d)** Medios de transporte alternativos – marca con un rectángulo.

_______________________________________________

**3** **Después de investigar la relación de los transportes urbanos y el medio ambiente, propón actitudes que promuevan el respeto y cuidado con el medio ambiente y que puedan ser hechas por todos los ciudadanos. Escríbelas aqui.**

Wasteresley Lima

# Soy ciudadano

<http://cicloviasrecreativas.esy.es/red/>

## CICLOVÍAS RECREATIVAS DE LAS AMÉRICAS

El sábado 13 de noviembre del año 2005, la Primera Conferencia Internacional sobre Ciclovías Recreativas fue organizada en la ciudad de Bogotá, Colombia, como una iniciativa conjunta de la Organización Panamericana de la Salud (OPS/OMS), el Centro de Control y Prevención de Enfermedades (CDC) y la comunidad de promotores de la movilidad no motorizada y el desarrollo urbano sustentable.

[...]

Para aquella fecha, ya varias ciudades del continente americano habían conocido la tremendamente exitosa e impactante experiencia de la Ciclovía de Bogotá, que todavía atrae al menos 500,000 participantes cada domingo del año. Siguiendo los pasos de la capital colombiana, cerca de 30 ciudades del continente habían adaptado el concepto de la Ciclovía Recreativa a sus propias comunidades, habilitando temporalmente, uno o más días a la semana, parte de la malla vial para devolvérsela a las personas, la vida familiar y la convivencia ciudadana.

El Encuentro de Bogotá resultó en la firma de la Declaración de Bogotá por 16 institutos promotores de Ciclovías Recreativas en el continente americano: nació la Red de Ciclovías Unidas de las Américas, que sería renombrada cuatro años más tarde Red de Ciclovías Recreativas de las Américas.

### Una epidemia saludable

El año 2009 fue marcado por el crecimiento rápido y exponencial de las Ciclovías Recreativas en el continente americano. Con menos de 40 ciudades desarrollándolas en el 2008, el número de iniciativas incrementó de más de un 150% entre 2009 y 2011, contabilizando al final de este periodo 33 programas de Ciclovías Recreativas semanales y 108 eventos en total.

Desde los años noventa, la epidemia global de obesidad y otras enfermedades crónicas se ha vuelto una de las primeras preocupaciones del sector salud, con índices de obesidad alcanzando actualmente entre el 15 y 26% de la población de América Latina y el 33% de los habitantes de Estados Unidos.

La Ciclovía Recreativa es una respuesta masiva y eficiente a la crisis mundial de salud pública; contribuye no solo a revertir la tendencia de obesidad actual en el largo plazo, sino también a generar una consciencia pública respecto a otras crisis contemporáneas como el cambio climático y el peligroso deterioro de la calidad del espacio público, en los cuales la crisis de salud está profundamente arraigada.[...]

Disponible en: http://cicloviasrecreativas.esy.es/red/. Acceso en: 18 jun. 2019.

# AHORA TE TOCA A TI

**1 Une las dos columnas y forma frases con conjunciones adversativas. En algunos casos, hay más de una opción posible.**

a) ______________ es linda e inteligente,

b) No solo llegaron tarde,

c) Fernando no es inteligente,

d) Quiero terminar las clases de francés,

- ( ) ______________ que además no saludaron a nadie.
- ( ) ______________ es muy estudioso y empeñado.
- ( ) Pili no es muy simpática.
- ( ) ______________, no voy a tener el tiempo suficiente este año.

**2 Completa con MUY o MUCHO.**

a) No pareces haber estudiado ______________ para los exámenes, ¿no?

b) Siempre me dices que me quieres ______________, pero no parece ser verdad.

c) Mi hermana no es ______________ alta.

d) Ya es ______________ tarde, tenemos que salir enseguida.

**PARA AYUDARTE**

España – **acera**

Argentina e Uruguay – **vereda**

**3 Completa las frases con vocabulario de vialidad.**

ciclovía • avenida • calle • señal • rotonda • esquina • acera • río

a) Es el lugar que utilizan los peatones para caminar. ______________.

b) Plaza circular rodeada de calles. ______________.

c) Lugar por donde transitan los vehículos, puede ser asfaltada, de piedra o de tierra. ______________.

d) La ______________ de PARE generalmente queda en las intersecciones de las calles.

e) Punto exterior donde convergen las dos paredes de un edificio. ______________.

f) Calle utilizada solo para el tránsito de bicicletas. ______________.

g) Están construyendo otro puente sobre el ______________ Pinheiros.

**4** **Completa las conversaciones con la expresión correcta, tomando como referencia el mapa a continuación.**

Marcos Guilherme

**a)** Una chica está en la librería y pregunta:

— Perdone, ¿cómo puedo llegar a la peluquería?

— ¿A la peluquería? Bueno, primero debes ____________________, pasar la gasolinera, y en la esquina ____________________. Camina un poco y allí está la peluquería.

**b)** Un abuelito se encuentra saliendo del hospital:

— Joven, por favor, ¿dónde queda el banco?

— Es muy cerca, solo debe ____________________ en frente al cine y cruzar la calle a la izquierda, pero, venga, que yo lo acompaño.

— Sí, muchas gracias.

**c)** Un hombre está saliendo de la tienda de mascotas:

— Señorita, ¿el kiosco está muy lejos?

— No, señor, el kiosco está muy cerca, vaya hacia la ____________________, en la esquina ____________________, y allí en la esquina está el kiosco.

UNIDAD 2

# LOS RECURSOS NATURALES

Usina Hidroeléctrica de Nova Avanhandava. Buritama (São Paulo), 07/2012.

Molino de viento en la entrada de la ciudad de Macau (Río Grande del Norte), 03/2012.

Mauricio Simonetti/Pulsar Imagens

Mauricio Simonetti/Tyba

Interior de mina de oro de Serra Pelada. Curionópolis (Pará), 10/2013.

Daniel Teixeira/Estadão Conteúdo/AE

Thomaz Vita Neto/Pulsar Imagens

# EN ESTA UNIDAD

- Hablaremos sobre los recursos naturales.
- Estudiaremos los pronombres relativos.
- Aprenderemos cómo expresar sorpresa y preocupación.

**1** **Combina el tipo de energía con su fuente. Después marca los tipos de energía que usas.**

| | | |
|---|---|---|
| **a)** solar | ◯ | generada por la acción del viento. |
| **b)** nuclear | ◯ | permite establecer una corriente eléctrica. |
| **c)** hidráulica | ◯ | absorbida o liberada como resultado de una reacción química. |
| **d)** química | ◯ | se libera espontánea o artificialmente en las reacciones nucleares. |
| **e)** eléctrica | ◯ | a partir del Sol. |
| **f)** eólica | ◯ | generada aprovechando la fuerza del agua. |

Formación rocosa conocida como Cuesta de Botucatu (São Paulo), 05/2011.

CAPÍTULO 1

# ¡Prepárate!

**1** **¿Estudiaste ya los recursos naturales? ¿Sabes lo que son esos recursos? ¿Tú haces generalmente trabajos en grupo en tu escuela? Vamos a ver qué están haciendo estos compañeros de escuela. ¿Qué pasa?**

AUDIO 3

**Graciela:** Hola, por fin llegaste.

**Raquel:** Hola, ¿qué tal?

**Graciela:** Bueno, ahora ya estamos todos. Vamos a empezar.

**Ernesto:** Hola.

**Federico:** Hola. Siéntate.

**Graciela:** La investigación es sobre los recursos naturales.

**Ernesto:** ¿Tienes la Internet abierta?

**Federico:** Sí, primero vamos a la definición, ¿no? Acá encuentro: Recursos naturales son los elementos y fuerzas de la naturaleza que las personas pueden utilizar y aprovechar. Pueden ser renovables o no renovables.

**Raquel:** ¿Cómo vamos a repartir las tareas? ¿Tú escribes?

**Federico:** Sí, yo escribo y puedo imprimir también.

**Raquel:** Graciela y yo podemos hacer los carteles.

**Ernesto:** Yo me encargo de la presentación.

**Raquel:** Dale, sigamos entonces. ¿Cuáles son los recursos renovables?

**Federico:** Aquí dice que son renovables los que no se agotan: la luz solar, el viento y el aire. Bueno, el aire no se agota, pero se contamina. O sea, siempre va a existir, pero hay que cuidarlo. También son renovables aquellos recursos cuya cantidad puede mantenerse o aumentar con el tiempo dependiendo del uso: el agua, el suelo, los bosques y la madera.

**Ernesto:** ¿Y los no renovables?

**Federico:** Son los que existen en una cantidad determinada y que no aumentan: petróleo, metales, minerales y gas natural. O sea, o se cambia todo o nuestros hijos van a sufrir.

Marcos Guilherme

**a)** ¿Cuál es el tema del trabajo y cómo se organizan para hacerlo?

____________________________________________________

____________________________________________________

**b)** ¿Qué son los recursos naturales?

____________________________________________________

**c)** ¿Explican cada uno de los tipos de recursos con ejemplos? ¿Cuáles?

____________________________________________________

____________________________________________________

____________________________________________________

**2** **¿Qué te pasa? Charla con tu compañero sobre los temas a continuación.** Actividad oral

**a)** ¿Haces trabajos en grupo en tu escuela? ¿Te gusta? ¿Por qué?

**b)** Cuando haces esos tipos de trabajo, ¿ustedes dividen las responsabilidades como hicieron los personajes de este diálogo?

**c)** ¿Ya habías estudiado los recursos naturales? Busca otros ejemplos de cada uno de los tres tipos de recursos mencionados en el diálogo.

## ¡Lengua!

### Pronombres relativos

Se usan para unir dos partes de una oración, en la que la segunda califica al sujeto de la primera. Ellos son:

**que**, **el que**, **la que**, **las que**, **lo que**, **los que**, **quien**, **quienes**, **el cual**, **lo cual**, **los cuales**; **la cual**, **las cuales**, **cuyo**, **cuyos**; **cuya**, **cuyas**.

**Que** es el que más se usa porque se refiere tanto a personas como a objetos, y puede referirse al sujeto o al complemento de la oración. Ejemplos:

- El señor **que** está ahí es mi padre.
- El auto **que** los trajo al colegio es de la directora.

**El que**, **los que**, **las que** se refieren a un sujeto – persona u objeto – que ya fue mencionado antes, y son usados para evitar la repetición del sustantivo. Ejemplos:

– ¿Hiciste la prueba de inglés ayer?

– No, **la que** hice era de portugués.

– ¿Tienes un bolígrafo negro?

– No, **el que** traje es azul.

## ¡Practiquemos!

**1** **Une las dos columnas formando frases.**

a) Van a agregar la exigencia de indemnización,

b) Tengo unos objetivos

c) Lo dijo y lo repitió,

d) Volvieron al lugar

e) Recordó el momento

- ( ) lo cual prueba que está muy seguro de su opinión.
- ( ) en el que llegó.
- ( ) por los cuales trabajo y lucho todos los días de mi vida.
- ( ) sin la cual no habrá acuerdo.
- ( ) en el que se conocieron.

**2** **Escribe el pronombre relativo correspondiente. En algunos casos habrá más de una respuesta correcta.**

a) Hablaron de temas ________________ conozco muy bien.

b) Mis primas, ________________ son muy simpáticas, no vendrán a nuestra fiesta.

c) Ahí está la tienda ________________ compro verduras ecológicas.

d) Ese es el chico ________________ vi en el concierto.

e) Hace tiempo que no sé nada de ella, ________________ me preocupa mucho.

f) Isabel Coixet, ________________ películas me encantan, es una directora de cine española.

**3** **Completa los espacios en blanco con un pronombre relativo apropiado.**

a) **Situación 1**

– Compré el libro ________________ me recomendaste.

– ¡Qué bien! Es un libro ________________ todo el mundo habla maravillas.

– En cambio, el libro por ________________ pagué $200 no resultó ser ________________ yo esperaba.

Marcos Guilherme

**b) Situación 2**

– ¿Quién es la chica alta ____________________ estuvo en la fiesta anoche?

– ¿Quieres decir la chica con ____________________ bailé toda la noche?

– Sí, ella misma. ¿Quién es?

– Es la chica ____________________ padres son biólogos. Se llama Alicia Montoya.

– Es una muchacha a ____________________ quiero y aprecio mucho.

**c) Situación 3**

– El Sr. Ruiz, ____________________ está de viaje, dice que prefiere mantenerse al margen de la situación. Dice que no tiene tiempo este año.

– ¡Qué lástima! ¿Por qué no lo convences para que nos ayude?

– Es una de esas personas ____________________ apoyo nos es imprescindible.

**d) Situación 4**

– ____________________ tienen mucho dinero no son necesariamente felices.

– ____________________ dices es verdad, pero no se puede negar que ____________________ tiene dinero se evita una serie de problemas en la vida. ¿No lo crees así?

## ¡Practiquemos!

Actividad oral

**1 ¿Ves los noticieros en televisión, en Internet o en diarios de papel? ¿Algunas noticias te asombran, te emocionan o te alegran? Lee estos títulos de noticias y di cómo reaccionas a cada uno. Para responder, utiliza las expresiones que están en el recuadro siguiente.**

**Para expresar sorpresa o preocupación**

- ¡Me muero de risa!
- ¿Me estás tomando el pelo?
- ¡Vaya, hombre!
- ¿Cómo va eso?
- ¿De veras?
- Me pone enferma.
- ¡Es alucinante!
- No me extraña.
- Estoy loco de alegría.
- Tengo el corazón en un puño.
- ¡Cálmate!
- Se me encoge el corazón.
- ¡Qué pena!
- ¿Qué te pasa?
- ¡Qué raro!
- ¡Qué risa!
- No tengo ni idea.
- ¡Ay, pobre!
- Estoy indignado.
- ¡Qué rabia!
- ¡No puede ser!

a) Mantienen en Paraguay la conservación de los bosques hasta el año 2018
b) Aumenta la energía eólica en Uruguay
c) Llegamos a un punto de no retorno en la destrucción de la naturaleza
d) Bolivia devuelve miles de lagartos a su hábitat natural

## ¡A jugar!

**1 ¡Vamos a jugar un juego dramático! En ese tipo de juego, desarrollamos la facultad de imitación, la memoria y experimentamos con nuestro propio cuerpo (movimientos, ruidos, muecas etc.).**

Africa Studio/Shutterstock.com

**Teatro de Títeres**

En tríos, piensen en un cuentito en español para ser presentado a los demás alumnos de la clase. Desarrollen el vocabulario sobre emociones; además, piensen en las características del cuento, tales como la personificación de animales y objetos, la moraleja de la historia etc. En seguida, pongan en práctica el cuento, comenzando a caracterizar los títeres. El profesor va a auxiliarlos en esa parte del ejercicio. Después de la confección, entrenen la dramatización del cuento con los títeres. En un día agendado previamente, realicen la presentación a la clase.

AUDIO 4

# A escuchar

**1** **Los amigos Begoña y Rafael están terminando un trabajo de ciencias acerca de los recursos naturales. Escucha la conversación y completa con lo que oyes.**

a) El viento

______________________________________________

b) El agua

______________________________________________

______________________________________________

______________________________________________

c) El gas natural

______________________________________________

d) Plata, oro y otros metales

______________________________________________

______________________________________________

João P. Mazzoco

## ¡DESCUBRE MÁS!

Descubre un poco más sobre los recursos naturales con estas sugestiones.

***Site***

- https://www.portaleducativo.net/cuarto-basico/642/recursos-naturales-renovables-y-no-renovables. Acceso en: 04 jul. 2019.

**Películas**

**WALL·E: Batallón de limpieza**

Walt Disney Pictures

**Erin Brockovich**

Universal Pictures

## EN EQUIPO

- Haz una investigación acerca de los siguientes recursos naturales. Escribe sus definiciones y di si son renovables, no renovables o inagotables.

| Recurso natural | Definición | Renovable, no renovable o inagotable |
| --- | --- | --- |
| Las plantas | | |
| La luz del sol | | |
| El petróleo | | |
| El carbón | | |
| Los bosques | | |

# Bolígrafo en mano

**1** **Ahora que sabes más acerca de los recursos naturales, completa la tabla que sigue.**

| Los recursos naturales... | Definición | Ejemplos |
|---|---|---|
| **Renovables** | | |
| **No renovables** | | |

**2** **Mira el texto a continuación y piensa en todo lo que leíste acerca del medio ambiente, los recursos naturales, su importancia y utilización. Escribe una redacción en tu cuaderno sobre la utilización de los recursos naturales**

Kanyarat/Shutterstock.com

[…] A pesar de ser uno de los bienes más preciados que posee el ser humano, la tendencia general durante los últimos años, ha sido la de infravalorar los recursos naturales, pues no se ha tenido en cuenta que el derroche y sobreexplotación de estos recursos está produciendo graves consecuencias para nuestro Planeta, como son el cambio climático, la pérdida de bosques, el detrimento de la diversidad en fauna y flora, la merma de los recursos del agua. […]

Disponible en: www.importancia.org/recursos-naturales.php. Acceso en: 19 jun. 2019.

# La palabra del experto

## [...] ARTEFACTOS PARA CUIDAR EL MEDIO AMBIENTE

Todos deberíamos implementar en nuestra vida artefactos que ayuden a cuidar el medio ambiente y así aportar nuestro granito de arena a la difícil tarea de preservar nuestros recursos naturales.
El portal Metros Cúbicos elaboró un listado de [...] novedosos dispositivos ideales para preservar el medio ambiente.

**Bonsai cargador**
A partir de ahora se pueden cargar los dispositivos electrónicos por medio de un artefacto que además de ser decorativo es ecológico. El mismo contiene 27 celdas fotovoltaicas que almacenan la energía proveniente de la luz, y mediante una salida USB, permite conectar los equipos para recargarlos.
[...]

Pascal Le Segretain/Getty Images

Bonsai cargador.

**Kalda**
Una manera distinta de tener agua caliente al instante pero que permite ahorrar hasta un 43% del consumo anual es Kalda. Este *gadget* nos ayuda a evitar el desperdicio que generalmente se genera mientras esperamos que salga agua caliente.
[...]

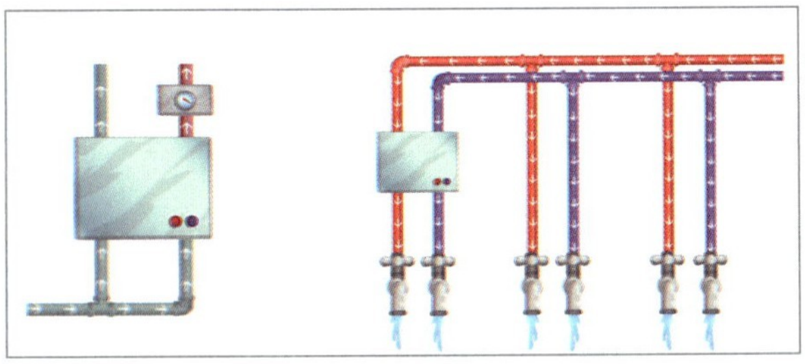

João P. Mazzoco

Kalda.

Disponible en: https://noticias.universia.edu.pe/en-portada/noticia/2013/07/05/1034811/5-artefactos-cuidar-medio-ambiente.html.
Acceso en: 19 jun 2019.

**Universia**
Universia es la mayor red de universidades de habla hispana y portuguesa. Está formada por 1.242 universidades socias de 23 países iberoamericanos, que representan a 15,3 millones de profesores y estudiantes universitarios.

Actúa como palanca impulsora de proyectos de excelencia con grupos de universidades.

# Soy ciudadano

https://www.iucn.org/es/noticias/noticias por region/sudamerica news/?14321/Guacharos--Medios-escolares-Amigos-de-los-parques

## GUÁCHAROS: MEDIOS ESCOLARES, AMIGOS DE LOS PARQUES – COLOMBIA

Con frecuencia oímos decir que el futuro de nuestro planeta está en manos de nuestros jóvenes y niños, quienes en no pocos años tendrán en sus manos las decisiones sobre el manejo del mundo. Esto es tan válido para la economía, la salud y la educación como para el medio ambiente. Como parte de su estrategia de comunicación social para la conservación, Parques Nacionales Naturales de Colombia ha creado la Red Guácharos: medios escolares amigos de los Parques.

Dicha red está conformada por estudiantes de secundaria de colegios públicos y privados de las principales ciudades de nuestro país. Los miembros de la red reciben formación en temas relacionados con la importancia y conservación de las áreas protegidas, así como instrucción en la producción de piezas de comunicación para los medios a su alcance, como periódicos, murales, emisoras escolares, circuitos cerrados de televisión, blogs etc., a través de los cuales se convierten en divulgadores de los valores naturales y culturales de los Parques Nacionales Naturales, contribuyendo a la creación de conciencia ambiental en las nuevas generaciones. [...]

Todo para comunicar y compartir con su comunidad escolar, padres de familia y otros colegios, la importancia de nuestros Parques Nacionales como lugares que protegen plantas y animales únicos o amenazados; como espacios que nos suministran el agua que necesitamos para vivir, para producir alimentos y energía eléctrica, para mover las industrias; [...]

[...]

Con este trabajo se pretende desarrollar una conciencia acerca de la protección y conservación de nuestros recursos naturales y culturales de nuestro país, uno de los más megadiversos del mundo.

Disponible en: www.iucn.org/es/noticias/noticias por region/sudamerica news/?14321/Guacharos--Medios-escolares-Amigos-de-los-parques. Acceso en: 19 jun. 2019.

## ¡Practiquemos!

**1** **¿Y en Brasil? ¿Hay algún tipo de actividad parecida a los Guácharos: medios escolares amigos de los Parques? Si la respuesta es afirmativa, haz una investigación sobre la actividad y prepara una carpeta con todas las informaciones referentes al proyecto. Si no hay algo parecido, en grupos, crea en tu cuaderno un proyecto de alguna actividad de voluntariado que ayude en la preservación de los recursos naturales.**

# AHORA TE TOCA A TI

**1** **Une las 2 columnas formando frases.**

a) La justicia busca un sospechoso

b) El muchacho,

c) Está confirmado que los niños

d) Marta, cuya hija nació ayer,

e) Los padres cuyos hijos se inscribieron hoy,

f) Los estudiantes cuyas notas sean mayores de 9,

- ( ) ya está de vuelta en casa.
- ( ) podrán participar en el concurso de la beca.
- ( ) tendrán un descuento de 5%.
- ( ) cuyo coche apareció en la escena del crimen.
- ( ) en cuya casa hay biblioteca son más lectores.
- ( ) cuyo padre está muy grave, no vino hoy.

**2** **Busca las siguientes palabras en la sopa de letras.**

recursos • naturaleza • renovable • prevención
cuidado • minerales • combustible • ambiente

| | | | | | | | | | | | | | | |
|---|---|---|---|---|---|---|---|---|---|---|---|---|---|---|
| A | B | L | A | C | O | M | B | U | S | T | I | B | L | E |
| F | O | R | M | I | L | D | E | R | T | U | S | C | O | N |
| B | R | A | N | O | D | M | I | N | E | R | A | L | E | S |
| P | L | O | A | T | E | R | B | N | I | T | R | O | C | B |
| C | U | U | T | E | B | R | E | C | U | R | S | O | S | V |
| U | R | E | U | Z | A | S | C | B | N | M | Q | U | I | R |
| I | C | S | R | D | F | O | R | I | N | I | S | O | Z | R |
| D | G | G | A | M | B | I | E | N | T | E | U | G | A | R |
| A | V | E | L | I | N | D | N | B | E | R | T | O | L | I |
| D | S | E | E | Ñ | O | G | O | D | E | Z | O | R | Z | I |
| O | B | E | Z | R | O | H | V | R | S | C | H | E | I | B |
| B | R | I | A | E | Ñ | O | A | U | Z | C | A | T | E | G |
| R | E | Y | E | S | A | G | B | R | I | E | S | T | I | S |
| S | O | U | S | A | D | E | L | G | R | A | F | I | T | D |
| N | A | V | P | R | E | V | E | N | C | I | O | N | R | E |

**3** **Completa las siguientes frases con las expresiones de sorpresa o preocupación más adecuadas. En algunos casos hay más de una opción posible.**

¡No puede ser! • Tengo el corazón en un puño • Estoy loco de alegría
No me extraña • ¿Me estás tomando el pelo?

**a)** – Bárbara, no sabes lo que pasó con el alcalde de la ciudad, descubrieron que tenía algunos negocios ilegales. ¿Qué te parece?

– ____________________, yo siempre pensé que ese tipo era un corrupto; pero nadie me escuchó.

**b)** – ____________________, a la madre de Santi la están operando de un tumor; esas operaciones son muy riesgosas.

**c)** – Este mes ganaremos el doble del salario.

– ____________________.

– No, no. Lo acaba de anunciar el presidente de la empresa; es un bono por sobrepasar la meta de ventas.

**d)** – Me acaba de llamar Luisa, su abuelita murió anoche.

– ____________________. Pobrecita, debe estar muy triste.

**e)** – ____________________, salió el resultado de la prueba de ingreso a la universidad. ¡Fui seleccionado!

**4** **Completa las frases con el pronombre relativo correspondiente.**

**a)** El profesor, ____________________ materia termina en septiembre, terminó el contenido en julio. ¿Puedes creerlo?

**b)** Mónica, ____________________ estudia con nosotros, está de vacaciones en China, ¡qué suertuda!

**c)** La policía capturó a cinco delincuentes. Los maleantes, ____________________ habían intentado asaltar una tienda de juguetes, serán enjuiciados la próxima semana.

**d)** El semestre finaliza en diciembre, ____________________ es fantástico porque coincide con nuestras vacaciones de navidad.

**e)** ____________________ ya tomó la vacuna el año pasado, no necesita refuerzo por este año.

# ¡NO TE OLVIDES!

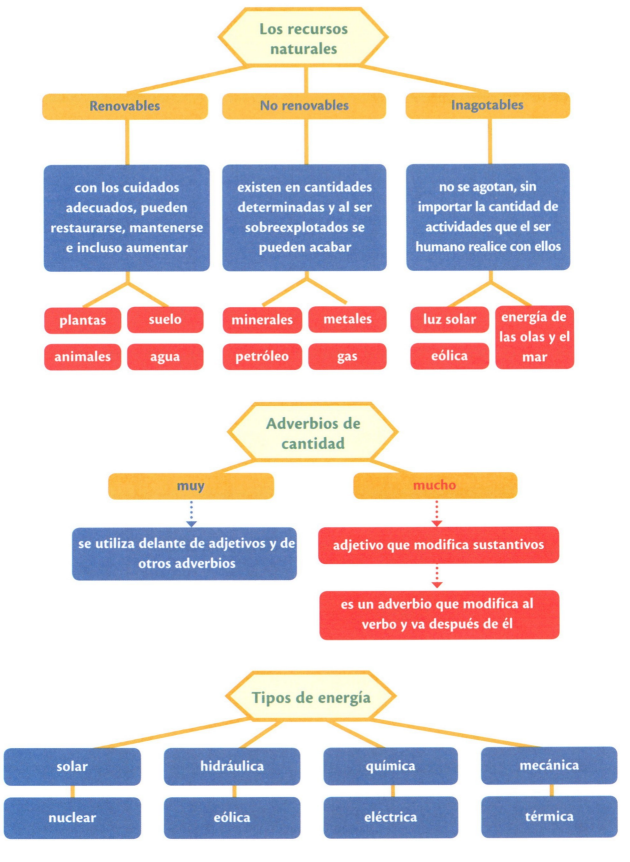

## Los recursos naturales

- **Renovables**
  - con los cuidados adecuados, pueden restaurarse, mantenerse e incluso aumentar
    - plantas
    - suelo
    - animales
    - agua
- **No renovables**
  - existen en cantidades determinadas y al ser sobreexplotados se pueden acabar
    - minerales
    - metales
    - petróleo
    - gas
- **Inagotables**
  - no se agotan, sin importar la cantidad de actividades que el ser humano realice con ellos
    - luz solar
    - energía de las olas y el mar
    - eólica

## Adverbios de cantidad

- **muy**
  - se utiliza delante de adjetivos y de otros adverbios
- **mucho**
  - adjetivo que modifica sustantivos
  - es un adverbio que modifica al verbo y va después de él

## Tipos de energía

- solar
- nuclear
- hidráulica
- eólica
- química
- eléctrica
- mecánica
- térmica

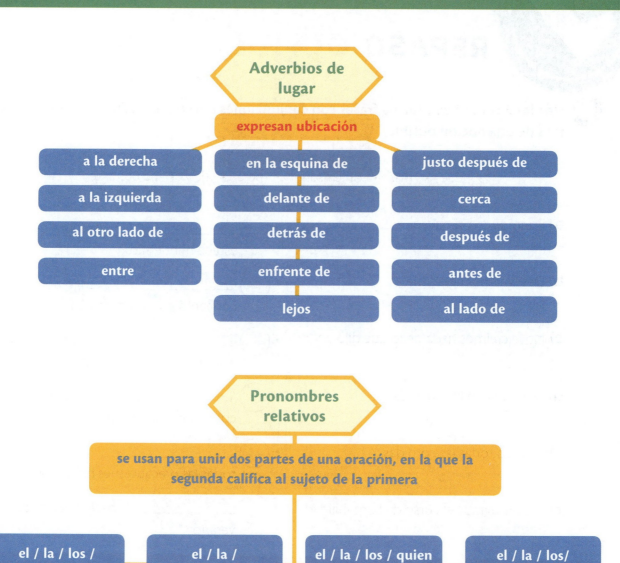

## Adverbios de lugar

**expresan ubicación**

- a la derecha
- a la izquierda
- al otro lado de
- entre
- en la esquina de
- delante de
- detrás de
- enfrente de
- lejos
- justo después de
- cerca
- después de
- antes de
- al lado de

## Pronombres relativos

**se usan para unir dos partes de una oración, en la que la segunda califica al sujeto de la primera**

- el / la / los / cuyo (a) (os) (as)
- el / la / las / lo cual
- el / la / los / quien / quienes
- el / la / los/ las / lo que

## Conjunciones adversativas

**muestran oposición o incompatibilidad**

- no obstante
  - sin embargo
- al contrario
  - aunque
- sino
  - pero
  - mas

# REPASO

**1** **Une las 2 columnas y forma frases con conjunciones adversativas. En algunos casos, hay más de una opción posible.**

aunque • mas • sin embargo • pero • sino • no obstante

| | |
|---|---|
| **a)** Estamos en primavera, | • ◯ ________________ nos juró que no estaba mintiendo. |
| **b)** Desearíamos agradarle, | • ◯ ________________ tengo poca confianza en su adaptación. |
| **c)** No le creímos nada de lo que dijo, | • ◯ ________________ sé que me será muy útil en el futuro inmediato. |
| **d)** Fernanda no es tan linda | • ◯ ________________ no tenemos condiciones para ello. |
| **e)** Preparó todas las comidas, | • ◯ ________________, vamos a tomar todas las precauciones necesarias. |
| **f)** No me agrada el curso de contabilidad, | • ◯ ________________ hace un calor de verano. |
| **g)** Es un problema fácil de encarar, | • ◯ ________________ que es muy simpática y agradable. |
| **h)** Vamos a traer la gatita a casa, | • ◯ ________________ dejó de traer las gaseosas. |

**2** **Completa con MUY, MUCHO o MUCHA.**

**a)** La profesora de música es ________________ activa.

**b)** Me duele ________________ la cabeza y la garganta.

**c)** Cobráis ________________ por ese servicio. No puedo pagar tanto.

**d)** Tus zapatos están ________________ sucios.

**e)** Llueve ________________ en Panamá en el verano.

**f)** Llegamos ________________ temprano este año a Bariloche.

**g)** Dicen que comieron ________________ en la fiesta y se sintieron muy mal después.

## 3 Une las 2 columnas formando frases y escríbelas acá.

| | | |
|---|---|---|
| **a)** No me gustó el modo | ◯ | quienes trajeron las cartas. |
| **b)** Esa es la casa | ◯ | con el que me habló. |
| **c)** Es una cuestión | ◯ | quien escuchó el aviso publicitario primero. |
| **d)** Cristina fue | ◯ | con quien hablamos es mi tía. |
| **e)** Fueron ellas | ◯ | en la que no había pensado hasta ahora. |
| **f)** La señora | ◯ | en la que nací. |

## 4 Completa los espacios de las frases sobre los recursos naturales con las informaciones del recuadro y di si son renovables o no renovables.

sol • agua • bosque • viento • oro • petróleo • carbón

**a)** Era usado como combustible de locomotoras en el siglo XIX y ahora lo usamos en casa para hacer parrilladas. ______________________________

**b)** Combustible fósil utilizado para hacer funcionar diversas maquinarias, entre ellas, los vehículos. ______________________________

**c)** La principal fuente de energía de la Tierra. ______________________________

**d)** Recurso líquido vital para los seres vivos. ______________________________

**e)** Lugar donde se concentra una gran cantidad de árboles, que ayudan a descontaminar el aire que respiramos. ______________________________

**f)** Metal muy valioso usado como conductor de energía y también de manera ornamental en joyas y accesorios. ______________________________

**g)** La base de la energía eólica. Nos refresca todos los días. ______________________________

# DESAFÍO

## Centro Universitário Senac – 2013 – 1º semestre

http://www.pagina12.com.ar/diario/sociedad/3-203084-2012-09-11.html,

### BOLSAS DE DOS COLORES

A partir del 9 de diciembre, a quien no lleve su bolsa al supermercado le venderán descartables de color verde y negro. La idea es que se puedan utilizar para los residuos reciclables o los húmedos.

Ocho cadenas de supermercados instaladas en la ciudad de Buenos Aires anunciaron que a partir del 9 de diciembre próximo y por disposición de una norma porteña reemplazarán las actuales bolsas plásticas por nuevos envases que tendrán mayor capacidad de carga, pero que deberán ser pagados por sus clientes. Los supermercadistas señalaron que el cambio permitirá "promover la separación domiciliaria de residuos", para lo cual "las nuevas bolsas plásticas estarán disponibles en dos colores: verde y negro, para los residuos secos o reciclables y para los residuos húmedos o no reciclables, respectivamente".

Legisladores opositores cuestionan el cobro de las bolsas: si quieren promover la separación domiciliaria, dicen, deberían entregarlas en forma gratuita.

La meta propuesta por el gobierno porteño para octubre de 2014 es que todos los supermercados utilicen bolsas biodegradables, con excepción de comercios como carnicerías, verdulerías o pescaderías, que por motivos sanitarios deban entregar bolsas o envoltorios plásticos no reutilizables. Según explicaron las cadenas, "las características físicas de las nuevas bolsas buscan promover un mayor aprovechamiento y uso responsable, así como también una gestión comercial sustentable". También dijeron que "a partir de la puesta en vigencia del nuevo sistema, las bolsas tendrán un costo para el cliente", aunque no especificaron el valor que tendrá cada unidad. No obstante, los supermercados aconsejaron a sus clientes "concurrir a las sucursales con sus propios elementos para trasladar las compras".

Adaptado de: http://www.pagina12.com.ar/diario/sociedad/3-203084-2012-09-11.html. Acceso en 17 sep. 2012.

**1** **El fragmento "le", subrayado en el primer párrafo del texto, retoma el siguiente elemento de la oración:**

**a)** el supermercado.
**b)** descartables.
**c)** el 9 de octubre.
**d)** a quien no lleve su bolsa al supermercado.
**e)** color verde y negro.

**2** **Según el texto, los legisladores opositores defienden:**

**a)** la entrega gratuita de las bolsas en los supermercados.
**b)** el uso de las bolsas plásticas de un solo color en los supermercados porteños.

**c)** el aumento de la capacidad de carga de las bolsas plásticas.

**d)** el pago, por los clientes, de las bolsas plásticas que utilizan.

**e)** la gratuidad de la separación domiciliaria de residuos.

**3** **La alternativa que contiene palabras que no presentan significados relacionados entre sí, considerando el sentido que tienen en el texto, es:**

**a)** envoltorio - bolsa - envase

**b)** costo - cobro - valor

**c)** reciclable - biodegradable - reutilizable

**d)** verdulería - verde – negro

**e)** cadenas - supermercados - sucursales

Disponible en: www1.sp.senac.br/hotsites/materiais/vestibular2013/prova esp 1sem2013.pdf. Acceso en: jul. 2014.

## Centro Universitário Senac – 2016 –1º semestre

**A questão 4 refere-se ao texto apresentado abaixo.**

Sé que regresaré a Pakistán, pero cada vez que le digo a mi padre que quiero regresar, busca excusas. "No, Jani, todavía no has acabado el tratamiento", me dice, o "Estos colegios son buenos, deberías quedarte aquí y aprender todo lo que puedas para utilizar tus palabras con el mayor efecto". Tiene razón. Quiero aprender y formarme bien con las armas del conocimiento. Entonces podré luchar más eficazmente por mi causa. Hoy todos sabemos que la educación es nuestro derecho básico. No solo en Occidente; el islam también nos ha dado este derecho. El islam dice que cada niña y cada niño deben ir a la escuela. Está escrito en el Corán, Dios quiere el conocimiento para nosotros, dice que estudiemos por qué el cielo es azul, que aprendamos sobre los mares y las estrellas. Sé que es una gran lucha: en todo el mundo hay unos 57 millones de niños que no reciben instrucción primaria, de ellos 32 millones son niñas. Por desgracia, mi país, Pakistán, es uno de los peores con 5,1 millones de niños que ni siquiera van a la escuela primaria, aunque nuestra Constitución dice que cada niño tiene el derecho de ir a la escuela. Tenemos casi 50 millones de adultos analfabetos, dos tercios de los cuales son mujeres, como mi madre.

[...]

Amo a mi Dios. Doy las gracias a Alá. Le hablo constantemente. Es el más grande. Al darme esta altura para llegar a la gente, también me ha dado grandes responsabilidades. La paz en cada hogar, en cada calle, en cada aldea, en cada país... ese es mi sueño. Educación para cada niño y cada niña del mundo. Es mi derecho poder sentarme en una silla y leer mis libros con mis amigas del colegio. Ver en cada ser humano una sonrisa de felicidad es mi deseo.

Disponible en: file:///C:/Users/mdeo__000/Downloads/yo%20soy%20.Malala.pdf. Acceso en: 30 jul. 2019.

**4** **En la opinión de Malala la educación:**

**a)** Es un privilegio de una sola clase social.

**b)** Es para los talibanes.

**c)** Es para ricos.

**d)** Es un derecho dado por Alá a todos.

**e)** Solamente los pobres no la obtienen.

Disponible en: http://www1.sp.senac.br/hotsites/materiais/vestibular2016/prova_espanhol_2sem.pdf. Acceso en: 2 ago. 2019.

UNIDAD 3

# ACTIVIDADES DE FIN DE SEMANA

Carlos Goldgrub/Opção Brasil Imagens

Gosphotodesign/Shutterstock.com

monkeybusinessimages/iStockphoto.com

# ||| EN ESTA UNIDAD |||

- Aprenderemos a organizar un asado.
- Estudiaremos los adverbios de duda.
- Aprenderemos a dar instrucciones con el modo imperativo.
- Aprenderemos a planear una fiesta.
- Conoceremos algunas actividades de fin de semana.

**1** **¿Qué puedes hacer para divertirte este fin de semana? Haz una búsqueda en los periódicos de tu ciudad y enumera todas las opciones.**

______________________________________________

______________________________________________

______________________________________________

**2** **Ahora charla con tus compañeros de clase sobre las opciones listadas por cada uno.** Actividad oral

Barone Firenze/Shutterstock.com

CAPÍTULO 1

# ¡Prepárate!

**1** **¿Tus amigos y tú se encuentran los fines de semana? ¿Hicieron alguna vez algún asado juntos? ¿Tú sabes o sabrías cómo organizar un asado? Vamos a ver cómo organizan Inés y Alfredo un encuentro de los amigos de la clase para el próximo fin de semana. ¿Qué pasa?**

AUDIO 5

**Inés:** Alfredo, ¿averiguaste con tus padres lo del asado?

**Alfredo:** Sí, ya está autorizado. Asado el domingo.

**Inés:** Qué bien, ¿cómo hacemos, entonces? Ah, pedimos a los varones que cada uno lleve una gaseosa y 10 reales para las carnes. Y las chicas llevamos un jugo y algún postre.

**Alfredo:** Me parece bien. ¿Cuántas personas serán?

**Inés:** Somos 35 en la clase, pero nunca van todos.

**Alfredo:** ¿Cuántos están confirmados?

**Inés:** Confirmados de verdad, 21. A lo mejor vienen más. Sabes como son los fines de semana. Algunos ya tenían compromiso con los padres para visitar parientes o tienen fiestas familiares. Muchos viajan también.

**Alfredo:** No nos olvidemos de pedir las otras cosas que hay que llevar: vasos, platos y cubiertos desechables, servilletas... Quizás podemos usar algunas cosas de mi casa: cuchillos, alcohol para prender el fuego, fósforos...

**Inés:** Ah, ¿y el carbón?

**Alfredo:** Lo compramos junto con la carne, con el mismo dinero que juntaremos. Otra cosa que tenemos que ver es la limpieza cuando se termine la fiesta. Mis padres dejaron bien claro que hay que dejar el asador como lo encontramos.

Wasteresley Lima

a) ¿En la casa de quién va a ser el asado y qué día va a ser?

**b)** ¿Todos los de la clase van a ser invitados? ¿Cuantos serán y qué tienen que llevar?

______________________________________________

______________________________________________

**c)** Aparte de las comidas, ¿qué otras cosas son necesarias para hacer un asado?

______________________________________________

# ¡Lengua!

## Adverbios de duda

**Fíjate:**

- **A lo mejor** vienen más personas.
- **Quizás** podemos usar algunas cosas de mi casa.

Usamos estas expresiones para indicar una incertidumbre o probabilidad:

| | | | |
|---|---|---|---|
| a lo mejor | quizás | posiblemente | puede ser |
| quizá | tal vez | probablemente | por si acaso |

## ¡Practiquemos!

**1** **Señala el adverbio de duda dentro de las oraciones que lo contengan.**

**a)** Quizás debamos estudiar un poco más para esta prueba.

**b)** Probablemente viajemos a Colombia este verano.

**c)** La camilla está delante de la ventana.

**d)** Seguramente tu novio logrará explicarte cómo sucedieron los hechos.

**e)** Posiblemente deba operarme los meniscos .

**2** **Completa las frases con algún adverbio de duda.**

**a)** ________________ consiga un nuevo trabajo después de todo.

**b)** ________________ está equivocada; a lo mejor mañana te pida disculpas.

**c)** ¡________________ nos trae una buena sorpresa!

**d)** No, no atiende el teléfono. ________________ lo tiene desconectado.

# ¡Lengua!

## Imperativo

Para dar instrucciones u órdenes usamos el modo **imperativo** que ya aprendimos. ¿Te acuerdas? Mira el cuadro siguiente.

| | Hablar | Comer | Partir |
|---|---|---|---|
| **Tú** | habla | come | parte |
| **Vos** | hablá | comé | partí |
| **Usted** | hable | coma | parta |
| **Nosotros/as** | hablemos | comamos | partamos |
| **Vosotros/as** | hablad | comed | partid |
| **Ustedes** | hablen | coman | partan |

Una característica del imperativo es que el pronombre o sujeto se expresa después de la forma verbal. Ejemplos:

**Escuchad ahora**. Luego tomáis notas.

**Llámame mañana**. Estaré en casa.

**No toque** la herida con las manos sucias.

**Ayúdame** a tirar estas cajas.

**Tomá** (vos) un poco más de helado.

**Prueba** estos bombones. Seguro que te gustan.

**No le hagas** caso a Andrés. Siempre está de broma.

**No entre** ahora, por favor. El doctor está ocupado.

## ¡Practiquemos!

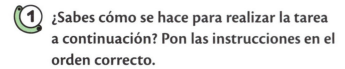

**1** **¿Sabes cómo se hace para realizar la tarea a continuación? Pon las instrucciones en el orden correcto.**

¿Cómo se hace para despertarse temprano?

Wasteresley Lima

- ◯ Calcula 8 horas de sueño para saber a qué horas tienes que irte a dormir.
- ◯ No bebas más café, té o gaseosas.
- ◯ Usa los últimos 15 minutos escuchando una música suave o leyendo.
- ◯ 2 horas antes de ese horario, empieza la preparación para ir a la cama.
- ◯ Toma un vaso de leche tibia.
- ◯ Define el horario en que tienes que despertarte y pon el despertador 5 minutos antes.
- ◯ Disminuye la cantidad de luces.
- ◯ Ponte un pijama confortable.
- ◯ Apaga la luz y duerme tranquilo.

**2 Ahora tú me ayudas. ¿Cómo hago para hacer estos trámites? Antes, charla con tu compañero.**

a) Preparar un café con leche.

____________________

____________________

____________________

____________________

**PARA AYUDARTE**

café
leche
azúcar
taza
cuchara

b) Lavar los platos.

____________________

____________________

____________________

____________________

**PARA AYUDARTE**

jabón
detergente
agua
escurridor
esponja

c) Poner la mesa.

____________________

____________________

____________________

____________________

**PARA AYUDARTE**

vasos
platos
servilletas
cubiertos
comida

# Bolígrafo en mano

**1** **¡Vamos a planear una fiesta! Reúnete con tus compañeros y decidan: tipo de fiesta, fecha, local y todo lo demás.**

a) Tipo/fecha/local e invitados

b) Quehaceres

c) Comidas y bebidas

CAPÍTULO 3

# ¡A jugar!

## 1 ¿Qué vamos a hacer este fin de semana?

sonyae/iStockphoto.com

Yaoyu Chen/Dreamstime.com

Gemenacom/Dreamstime.com

1) Llevar al perro de paseo.
2) Ir al club.
3) Lavar la mochila.

4) Dar un paseo por el *shopping*.
5) Estudiar para las pruebas.
6) Lavar el auto de la familia.
7) Salir en bici.
8) Bañar al perro.

9) Ir al peluquero.
10) Terminar el trabajo de geografía.
11) Ayudar en las tareas de casa.

Konstantin Pukhov/Dreamstime.com

Dean Conger/National Geographic/Getty Images

monkeybusiness/iStockphoto.com

12) Ir a una fiesta.
13) Descansar.
14) Hacer una torta de chocolate.
15) Arreglar el dormitorio.
16. Cortar el césped.

17) Ir al teatro.
18) Ir al supermercado.
19) Jugar al fútbol.
20) Leer un libro nuevo.
21) Ir al cine.
22) Ver un *show*.

23) Visitar a los abuelos
24) Jugar al videojuego

AUDIO 6

# A escuchar

**1** **¿Y si vamos al cine? Escucha la conversación y completa los datos que faltan.**

**Happy Feet 2: El pingüino**

Género: ______________________________

______________________________

Duración: 1h 45min

Clasificación: ______________________________

Director: George Miller

Doblada 12:15 14:30 16:45 18:55

Sinopsis: En Happy feet 2, Erik, el hijo de Mumble, el Maestro del Tap, es coreofóbico. Erik se topa con El Poderoso Sven, un ______________ que puede volar. Mumble no tiene esperanzas de poder competir con ese nuevo y ______________ modelo. Pero cuando las cosas empeoran, Erik aprende de su padre a tener "tripas y agallas" para poner las cosas en su sitio.

Warner Bros

**Frozen: una** ______________________________

Género: Familiar, Aventura, Animación

______________: 100 minutos

______________: Apta para todo público

Director: Chris Buck, Jennifer Lee.

Doblada 14:00 16:05 20:00

______________: Una profecía condena al reino a un invierno eterno, pero la intrépida y ______________ Anna decide emprender un épico viaje, junto al alpinista Kristoff y su leal reno Sven para salvar el reino de la destrucción. Ellos se toparán con místicos trols, un ______________ muñeco de nieve llamado Olaf, temperaturas extremas y magia en cada rincón.

Walt Disney Pictures

Evergreen Films/BBC Earth

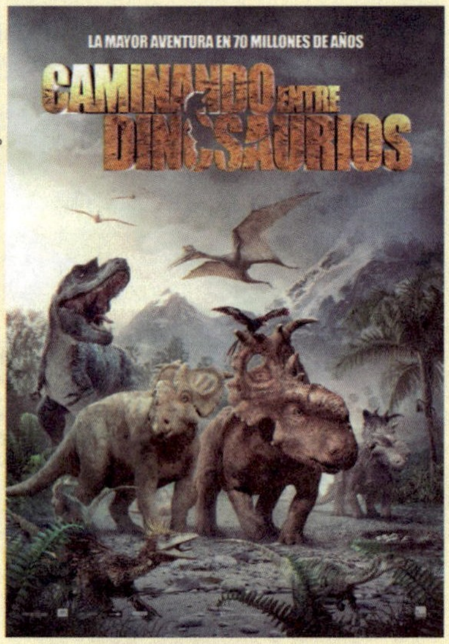


**Caminando con dinosaurios**

Género: Animación

Duración:____________________________

Clasificación: Apta para todo público

____________________: Barry Cook, Neil Nightingale

Doblada 13:55 15:55 18:00

Sinopsis: Esta película mezcla la acción real con criaturas generadas por ____________________. Un viaje a la época prehistórica en la que los ____________________ dominaban la Tierra.

**Nosotros, los nobles**

Género: ____________________________

Duración: ____________________________

Clasificación: ____________________________

Director: Gaz Alazraki

2D – Doblada 13:00 5:20

____________________: Cuando Germán Noble, un exitoso y ____________________ empresario, se da cuenta que sus tres hijos son incapaces de ganarse la vida, decide darles una lección. Entonces, finge la quiebra de su empresa y los hace creer que son buscados por la ley. Los deja sin nada y los hace conseguir algo que nunca antes habían tenido que buscar:

________________________________________.

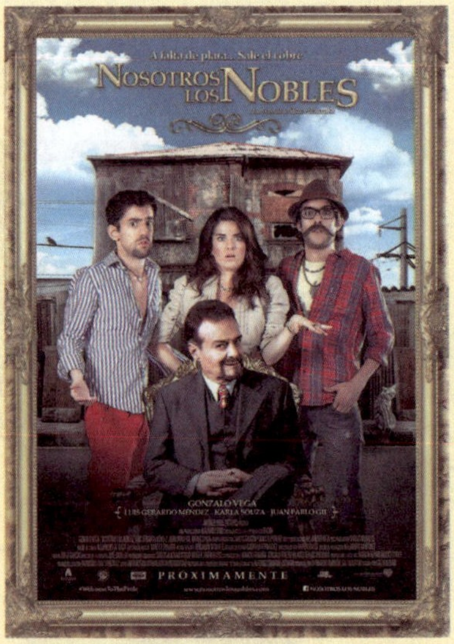


Warner Bros

# Soy ciudadano

## LOS ESPAÑOLES PASAN LA MAYOR PARTE DE SU TIEMPO LIBRE VIENDO LA TELEVISIÓN

Andrey Popov/Dreamstime.com

La televisión lidera el ocio diario de los españoles con un total de 134 minutos de media en 2010, según el monográfico que la revista Panorama Social de la Fundación de las Cajas de Ahorros (FUNCAS) dedica al "Ocio de los españoles" y que está realizado por más de una decena de investigadores y profesionales relacionados con este ámbito.

En este sentido, el trabajo, presentado este martes en Madrid, recoge que el consumo televisivo por persona y día se ha incrementado un 22 por ciento entre 1990 y 2010 y que este aumento se debe, sobre todo, al elevado incremento de consumo entre las personas maduras, ya que comienza a disminuir entre los jóvenes (de 153 a 148 minutos entre el año 2000 y el 2011), en un artículo elaborado por el catedrático Antonio Ariño.

Ariño señala, por otra parte, el crecimiento de la conexión a internet en los hogares españoles con un 59 por ciento de los mismos que tienen conexión, de los cuales un 57 por ciento es de banda ancha. En esta línea, el catedrático José María Álvarez ha defendido en la presentación del monográfico el "profundo cambio" que se ha producido en el consumo cinematográfico-audiovisual en los últimos diez años y ha destacado que es paradójico que "existiendo más consumo de películas y series haya descendido el número de ingresos de las mismas".

Andrey Burmakin/Shutterstock.com

Esta metamorfosis ha tenido lugar, a su juicio, por la profusión del consumo "no legal" de producción cinematográfica, sumado a la incapacidad de la industria de "adaptarse" al nuevo soporte digital en el que se consumen las películas y las series. Por otro lado, la autora Patricia Galdabón afirma en su artículo que los hogares españoles dedicaron de media un 6,7 por ciento de su presupuesto al ocio (2.064 euros), un dato que varía entre las familias más modestas (3,6 por ciento, 500 euros anuales) y los hogares con ingresos superiores a 5.000 euros al mes, que dedican un 9 por ciento, con aproximadamente 5.500 euros anuales.

Disponible en: www.abc.es/20120214/sociedad/abci-television-ocio-espanoles-201202141604.html. Acceso en: 20 jun. 2019.

Antes, la TV era llamada "caja tonta", porque se consideraba que sus contenidos eran embrutecedores para los jóvenes. La computadora, al ofrecer un mundo de informaciones por medio de la Internet, parece ser más inteligente. Pero antes, como ahora, la información y las noticias, contenidos culturales o de diversión, pueden ser útiles o perjudiciales, según como los usemos.

## ¡Practiquemos!

**1** **Mira el reportaje. ¿De qué habla?**

______________________________________________

______________________________________________

**2** **¿El texto apoya el consumo indiscriminado de contenidos por la televisión o por Internet?**

______________________________________________

______________________________________________

**3** **Vuelve al texto y haz lo que se pide.**

**a)** Busca sinónimos de las siguientes palabras:

decena: ____________________ elevado: ____________________

paradójico: ____________________

**b)** Busca antónimos de las siguientes palabras:

mayor: ____________________ ocio: ____________________

libre: ____________________ nuevo: ____________________

**c)** Elige la frase correcta:

◯ A los españoles mayores les gusta cada vez más ver televisión.

◯ No hubo incremento de consumo televisivo entre las personas maduras.

# AHORA TE TOCA A TI

**1** **Completa las frases con algún adverbio de duda del cuadro.**

quizás • a lo mejor • tal vez • por si acaso

**a)** ______________________ deberías llevarle alguna ropa menos exagerada.

**b)** ______________________ tendrías que llamarle para felicitarlo por las novedades.

**c)** ______________________ deberías comer más frutas.

**d)** ______________________ nieva este fin de semana en la Patagonia.

**e)** Lleva el paraguas, ______________________ llueve.

**f)** ______________________ deberíamos llevarles algo por su aniversario de bodas.

**g)** ______________________ tendría que llamarle para felicitarle por la navidad.

**h)** ______________________ tendrías que ir a comprar un poco más de gaseosas.

**i)** Lleven sus paraguas ______________________ llueve a la salida.

**2** **Une las frases de las dos columnas de modo que tengan un sentido lógico.**

**a)** Mamá, estamos saliendo a la fiesta de cumpleaños de Valeria.

**b)** Señora, por favor,

**c)** Ayer te fuiste a jugar sin hacer la tarea y después no querías hacerla.

**d)** Mi madre me dijo que estabas en mi ciudad,

**e)** Está lloviendo muy fuerte, creo que lo mejor es cancelar la excursión.

**f)** Ante una alerta de incendio en el edificio,

( ) mantenga la calma; la desesperación es su peor enemigo.

( ) Regresemos al campamento lo antes posible.

( ) así que ven a visitarme antes de regresar a casa.

( ) Haz la tarea ahora y después te puedes ir a jugar.

( ) No vuelvan muy tarde, recuerden que mañana tenemos un almuerzo con los abuelos.

( ) venga por este lado, que por allí no hay paso.

**3** **Arma el plan de una fiesta en tu casa. Piensa en una fiesta temática y coloca todas las cosas que se necesitan y lo que puede llevar cada uno. Es importante que dividas equitativamente todos los ítems.**

______________________________

______________________________

______________________________

______________________________

______________________________

______________________________

______________________________

**4** **¿Sabes cómo se hace la mochila para ir de viaje? Pon las instrucciones en el orden correcto.**

Wasteresley Lima

( ) Averigua la temperatura que va a hacer en el lugar para donde vas.

( ) Buen viaje.

( ) Cierra la mochila.

( ) Define la cantidad de ropa que vas a llevar, dependiendo de la cantidad de días que vas a estar allá.

( ) Coloca todo lo que vas a llevar, siempre poniendo las cosas más pesadas en la parte de abajo.

( ) Pon los zapatos dentro de bolsas plásticas.

( ) Coloca los zapatos y las cosas más pesadas en el fondo de la mochila.

( ) Separa todo lo que vas a llevar.

( ) Enrolla las piezas de ropas una a una.

UNIDAD 4

# HÁBITOS ALIMENTICIOS

xyno/iStockphoto.com

Pixland/iStockphoto.com

# ||| EN ESTA UNIDAD |||

- Estudiaremos las conjunciones coordinantes **y**, **o**, y sus respectivas variantes **e** y **u**.
- Elegiremos entre opciones.
- Hablaremos sobre comidas y bebidas.
- Haremos un pedido en un restaurante.
- Conversaremos sobre la obesidad en el mundo.

**1** **¿Qué comiste ayer? Escribe acá todo lo que recuerdes.**

______________________________________________

______________________________________________

**2** **¿Vamos a hacer en el cuaderno una lista de comidas, meriendas y bebidas? Sigue las instrucciones de tu profesor y ¡manos a la obra!**

Purestock/iStockphoto.com

Candybox Images/Dreamstime.com

CAPÍTULO 1

# ¡Prepárate!

**1** **¿En tu escuela hay una cantina escolar? ¿Siempre compras tu merienda allí o la llevas de tu casa? ¿Qué tipo de merienda comes en la escuela? ¿Y tus amigos? Vamos a ver qué tipo de merienda van a comer las chicas hoy. ¿Qué pasa?**

AUDIO 7

*Sonido del timbre para el intervalo de la escuela.*

**Pilar:** ¡Por fin! Hambre, hambre, hambre. Vamos rápido que tengo que comprar en la cantina.

**Mónica:** ¿Por qué tanta prisa?

**Pilar:** Que si no vamos rápido la cola queda inmensa.

**Mónica:** ¿Qué vas a comprar?

**Pilar:** Una gaseosa grande, una súper hamburguesa con queso y un chocolate.

**Mónica:** ¿Y la dieta?

**Pilar:** Es que tengo mucha hambre.

**Mónica:** Pero si te habías puesto a dieta. ¿No era que te sentías muy gorda? ¿Por qué no compras una ensalada de fruta? ¿Un pan de queso? Uno, digo.

**Pilar:** ¿Y qué hago con el hambre?

**Mónica:** ¿Y qué haces con la dieta? Después, cuando intentes ponerte alguna ropa que te guste y no te entre, vas a empezar a llorar, seguro.

**Pilar:** Para colmo que ya me acostumbré. Solo me gustan las porquerías...

**Mónica:** Pues empezaste la vida con la sana leche de tu madre y de la misma forma que te acostumbraste a las porquerías, vas a tener que cambiar tus gustos. Yo te ayudo, no puede ser tan difícil.

**Pilar:** Dices eso porque eres flaca.

**Mónica:** Sigue mi ejemplo y mira mi merienda: jugo natural y dos frutas. Esto me va a llenar igual que tu súper sándwich, no me va a hacer mal a la salud y me va a mantener flaca. Y no es solo para mantenerme flaca: me gustan, tienen un gusto bueno, las frutas son dulces.

**Pilar:** Bah, no me gustan las frutas ni las verduras.

**Mónica:** Seguro que ni te acuerdas de los gustos. Es cuestión de hábito. Esas porquerías que comes tienen mucho sodio, que está en la sal. Te acostumbraste a ese gusto fuerte y por eso te parece que las otras cosas no tienen gusto. Prueba esta manzana o estas uvas. Son bien dulces.

Wasteresley Lima

**a)** ¿Por qué Pilar quiere ir rápido para la cola? ¿Qué pretende comprar?

______________________________________________

______________________________________________

**b)** ¿Cuál es la opinión de Mónica sobre la compra?

______________________________________________

**c)** ¿Qué tipo de comida le gusta a Pilar? y ¿qué tipos no le gustan?

______________________________________________

**d)** ¿Qué tipo de merienda lleva Mónica?

______________________________________________

**2** **¿Qué te parece? Charla con tu compañero sobre los temas a continuación.** Actividad oral

**a)** ¿Llevas merienda de casa, compras en la cantina, o las dos cosas?

**b)** ¿Qué tipo de meriendas llevas de tu casa? ¿En la cantina venden todo tipo de merienda? ¿Qué venden?

**c)** ¿A qué tipos de comida te parece que se refiere Pilar cuando dice porquerías?

**3** **Divide los alimentos del cuadro en una de las dos categorías.**

| | | | |
|---|---|---|---|
| frutas | carne procesada | *donuts* | espinaca |
| leche | pollo | *hot dog* | jugo de frutas |
| galletas | papas fritas | gaseosas | |
| huevo | yogur | helado de crema | |

**PARA AYUDARTE**

Hispanoamérica – **jugo**

España – **zumo**

| Saludables | No saludables |
|---|---|
| | |
| | |
| | |
| | |
| | |
| | |
| | |

CAPÍTULO 2

# ¡Lengua!

## Las conjunciones coordinantes y / o

**La conjunción y**

a) Sirve para agregar o sumar dos o más elementos, objetos, personas o posibilidades válidas. Ejemplo:
   - Me encantan los gatos **y** los perros.

b) Si se trata de una enumeración, se usa para introducir el último elemento, persona u objeto de la relación. Ejemplo:
   - Vinieron a la reunión Pérez, González **y** Rodríguez.

c) Si la palabra siguiente empieza con **i** o con **hi**, la conjunción **y** se convierte en **e**. Ejemplos:
   - Mis mejores compañeros son Víctor, Gabo **e** Ismael y lo que más nos gusta estudiar es matemáticas **e** historia.

**La conjunción o**

a) La conjunción **o** tiene el sentido de una opción o elección. Si se presentan dos o más posibilidades solo una puede ser elegida. Ejemplo:
   - No me decido si voy a estudiar inglés **o** francés.

b) Cuando queremos enumerar varias opciones, se usa para introducir la última opción. Ejemplo:
   - Deberemos comer pescado, verdura **o** pasta, pero no carnes rojas.

c) Si la palabra siguiente empieza con **o** o con **ho**, se usa la forma **u**. Ejemplos:
   - ¿Prefieres que la pintura sea brillante **u** opaca?
   - El coordinador de la próxima clase va a ser Ana **u** Horacio.

Las conjunciones coordinantes generan estructuras compuestas cuando unen palabras de igual tipo o función. Cuando las conjunciones coordinantes unen proposiciones, se convierten en **proposiciones coordinadas** u **oraciones compuestas por coordinación**.

Se dividen en:

a) **Conjunciones copulativas**, que establecen la unión de elementos, o la suma de los mismos, sea en forma positiva o negativa: **y** (**e**), **ni**. Ejemplo:
   - **Ni** tú **ni** tu hermano saben lo que vimos Pedro y yo.

b) **Conjunciones disyuntivas**, que establecen una relación, oponiendo los significados de los elementos, con solo una opción que excluye a la otra alternativa: **o** (**u**), o **bien**. Ejemplo:
   - Vienes mañana o **bien** el lunes.

## ¡Practiquemos!

1 Completa el comic con las conjunciones correctas.

AUDIO 8

# A escuchar

1 ¿Quién hace la comida en tu casa? ¿Uds. piden comida por teléfono? ¿Qué tipo de comida piden? Vamos a ver la conversación sobre ese tema en esta familia y contesta las preguntas.

João P. Mazzoco

**a)** ¿Cuántas personas están conversando?

**b)** ¿Por qué van a pedir comida por teléfono?

**c)** ¿Para cuántas personas van a pedir comida?

**d)** ¿Qué piden para beber?

**e)** ¿Qué van a beber?

**f)** ¿Qué viene con todas las opciones?

**g)** Calcula el precio del pedido viendo el menú.

**2** **Con este menú en tu casa, ¿qué harías? ¿Cuál de las opciones pedirías? Escribe tu pedido.**

**3** **A partir del siguiente menú, vamos a pedir el almuerzo. ¿Qué pedirías tú? ¿Qué crees que pediría tu familia? Anota las opciones en tu cuaderno, simulando que vas a hacer un pedido y luego calcula el monto por persona y el precio final del pedido.**

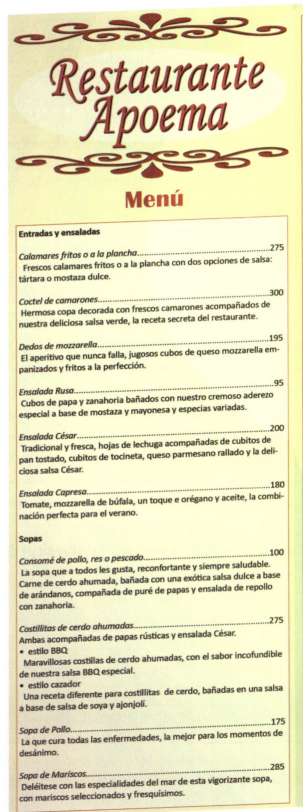

# Restaurante Apoema

## Menú

### Entradas y ensaladas

*Calamares fritos o a la plancha*......275
Frescos calamares fritos o a la plancha con dos opciones de salsa: tártara o mostaza dulce.

*Coctel de camarones*......300
Hermosa copa decorada con frescos camarones acompañados de nuestra deliciosa salsa verde, la receta secreta del restaurante.

*Dedos de mozzarella*......195
El aperitivo que nunca falla, jugosos cubos de queso mozzarella empanizados y fritos a la perfección.

*Ensalada Rusa*......95
Cubos de papa y zanahoria bañados con nuestro cremoso aderezo especial a base de mostaza y mayonesa y especias variadas.

*Ensalada César*......200
Tradicional y fresca, hojas de lechuga acompañadas de cubitos de pan tostado, cubitos de tocineta, queso parmesano rallado y la deliciosa salsa César.

*Ensalada Capresa*......180
Tomate, mozzarella de búfala, un toque e orégano y aceite, la combinación perfecta para el verano.

### Sopas

*Consomé de pollo, res o pescado*......100
La sopa que a todos les gusta, reconfortante y siempre saludable. Carne de cerdo ahumada, bañada con una exótica salsa dulce a base de arándanos, compañada de puré de papas y ensalada de repollo con zanahoria.

*Costillitas de cerdo ahumadas*......275
Ambas acompañadas de papas rústicas y ensalada César.
- estilo BBQ
  Maravillosas costillas de cerdo ahumadas, con el sabor incofundible de nuestra salsa BBQ especial.
- estilo cazador
  Una receta diferente para costillitas de cerdo, bañadas en una salsa a base de salsa de soya y ajonjolí.

*Sopa de Pollo*......175
La que cura todas las enfermedades, la mejor para los momentos de desánimo.

*Sopa de Mariscos*......285
Deléitese con las especialidades del mar de esta vigorizante sopa, con mariscos seleccionados y fresquísimos.

### Carnes

*Parrillada mixta (Carne y pollo)*......380
Jugosas tiras de carne y pollo acompañadas de pimentón verde, rojo y cebolla, sobre una cama de papas fritas.

*T-Bone Steak a la plancha*......400
Suculento corte de carne T-Bone con el inconfundible sabor de nuestros condimentos especiales, acompañado de puré de papas y ensalada César.

*Filete mignon*......390
El más noble de los cortes de carne de la casa, acompañado de papas rústicas o puré de papas y arroz blanco a la griega.

*Filete mariposa*......375
Apetitoso *paillard* de res, acompañado de arroz integral y ensalada rusa, siempre es una opción saludable.

*Chuleta de cerdo ahumada*......280
Carne de cerdo ahumada, bañada con una exótica salsa dulce a base de arándanos, compañada de puré de papas y ensalada de repollo con zanahoria.

*Costillitas de cerdo ahumadas*......275
Ambas acompañadas de papas rústicas y ensalada César.
- estilo BBQ
  Maravillosas costillas de cerdo ahumadas, con el sabor inconfundible de nuestra salsa BBQ especial.
- estilo cazador
  Una receta diferente para costillitas de cerdo, bañadas en una salsa a base de salsa de soya y ajonjolí.

### Aves

*Pechuga de pollo*......250
- A la plancha
  Tradicional pechuga de pollo para todos los gustos, acompañada de papas al vapor y arroz integral. Se puede cambiar por arroz blanco.
- Al ajilo
  Déjate llevar por el delicioso sabor del ajo y el perejil, este platillo viene acompañado de papas rústicas y ensalada capresa.
- A la suiza
  Fantástica pechuga de pollo, gratinada con tomate, orégano y queso suizo. Acompañada de arroz blanco y vegetales al vapor.

*Pollo frito*......200
Pollo empanizado y frito, irresistible y muy sabroso, acompañado de ensalada de repollo y zanahoria y papas fritas.

*Alitas de pollo picante*......200
Para compartir momentos deliciosos con tus amigos o familia, suculentas alitas de pollo condimentadas con nuestra salsa especial picante.

### Pescados y mariscos

*Paella de mariscos*......700
La tradicional paella valenciana, con arroz, pollo, camarones, azafrán y otros ingredientes secretos. Opción para compartir.

*Langosta Thermidor (1/2 kilo)*......600
Langosta hervida y luego rellena de la internacional salsa *thermidor*. Una mezcla de salsas bechamel, mostaza y brandy. Para paladares exquisitos.

João P. Mazzoco

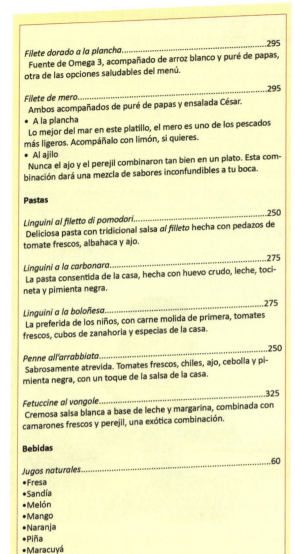

*Filete dorado a la plancha*.......................................................295
Fuente de Omega 3, acompañado de arroz blanco y puré de papas, otra de las opciones saludables del menú.

*Filete de mero*.......................................................295
Ambos acompañados de puré de papas y ensalada César.
- A la plancha
Lo mejor del mar en este platillo, el mero es uno de los pescados más ligeros. Acompáñalo con limón, si quieres.
- Al ajilo
Nunca el ajo y el perejil combinaron tan bien en un plato. Esta combinación dará una mezcla de sabores inconfundibles a tu boca.

**Pastas**

*Linguini al filetto di pomodori*.......................................................250
Deliciosa pasta con tridicional salsa *al filleto* hecha con pedazos de tomate frescos, albahaca y ajo.

*Linguini a la carbonara*.......................................................275
La pasta consentida de la casa, hecha con huevo crudo, leche, tocineta y pimienta negra.

*Linguini a la boloñesa*.......................................................275
La preferida de los niños, con carne molida de primera, tomates frescos, cubos de zanahoria y especias de la casa.

*Penne all'arrabbiata*.......................................................250
Sabrosamente atrevida. Tomates frescos, chiles, ajo, cebolla y pimienta negra, con un toque de la salsa de la casa.

*Fetuccine al vongole*.......................................................325
Cremosa salsa blanca a base de leche y margarina, combinada con camarones frescos y perejil, una exótica combinación.

**Bebidas**

*Jugos naturales*.......................................................60
- Fresa
- Sandía
- Melón
- Mango
- Naranja
- Piña
- Maracuyá
- Papaya

*Gaseosa*.......................................................50

*Agua*.......................................................50

**Todos los precios están expresados en PESOS.**
**Aceptamos Tarjetas de Débito y Crédito.**
**Llame ahora y haga su pedido para *delivery*.**
**589-2697 (Servicio de *delivery* 24 horas).**

João P. Mazzoco

Actividad oral

**4** **¿Tu familia siempre come en restaurantes? ¿Quién le hace el pedido al camarero? ¿Qué tal si hacemos el pedido ahora?**

**Lo que vas a oírles decir a los camareros:**

- ¡Buen apetito! / ¡Buen provecho! / ¡Que le aproveche!
- ¿Desea usted algo para tomar?
- ¿Quieren café o postre?
- ¿Necesitan algo más?
- Aquí tienen la cuenta.
- ¿Qué le pongo?
- ¿Qué le traigo?

**PARA AYUDARTE**

Argentina – **Mozo**
México – **Mesero**

**Lo que tú podrás decir:**

- Por favor, tráigame la cuenta.
- Queremos una mesa cerca de la ventana.
- ¿Dónde están los baños?
- ¿Podemos pagar por separado?
- ¿Podría traerme el menú, por favor?
- ¿Podría traerme una botella de agua?
- ¿Qué clase de postres tienen?
- ¿Qué nos recomienda?
- ¿Aceptan tarjetas de crédito?
- Gracias. Quédese con el vuelto.
- ¿Podría traernos servilletas?

**5** **Luego, vamos a montar una escena con tus compañeros. Alguno de ellos hará de camarero y otros serán de la familia. Luego pueden intercambiarse. La idea es practicar oralmente las expresiones aprendidas.**

Actividad oral

# Atando cabos

## MÉXICO OCUPA EL 2º LUGAR EN OBESIDAD EN ADULTOS SEGÚN LA OCDE

México pertenece a las naciones con mayor obesidad en adultos en el mundo, esto de acuerdo con la Organización para la Cooperación y el Desarrollo Económico (OCDE), la cual está compuesta por 35 países alrededor del mundo, con representación de cada continente. Además de México, algunos países que la integran son Brasil, Chile, Turquía, Reino Unido, Australia, Grecia, Portugal y Sudáfrica.
Al año 2015, según el reporte Obesity Update, más de la mitad de los adultos y casi 1 de cada 6 niños padecen sobrepeso u obesidad en países asociados a la OCDE. El 19.5% de los adultos de los países que pertenecen a la OCDE padece obesidad (un índice de masa corporal mayor a 30 kg/m$^2$), y los países con mayor prevalencia son:

Estados Unidos, con 38.2%
México, con 32.4%
Nueva Zelanda, con 30.7%

Tom Burlison/Shutterstock.com

Los países con menor nivel de prevalencia de obesidad en adultos son Japón (3.7%) y Corea del Sur (5.3%). Se proyecta que la obesidad en México aumente a 39% y en Estados Unidos a 47% para 2030. [...]

Se han aplicado diversas políticas públicas para revertir la epidemia de sobrepeso y obesidad. El reporte menciona el aumento del precio por medio de un impuesto a alimentos potencialmente no saludables, la cual está en vigor en varios países. En México, se grava un 8% a los alimentos no básicos con alta densidad calórica, es decir, que 100 gramos de producto contengan más de 275 calorías. Esto incluye botanas, confitería, chocolate, postres y dulces, mantequilla de cacahuate, helados, nieves y paletas. Además, se aplica un impuesto de 1 peso mexicano por cada litro de bebida saborizada con azúcar añadida.
Otras medidas que se han adoptado para apoyar a la población a tomar decisiones sobre la selección de alimentos son el etiquetado nutrimental, listas de ingredientes (que es obligatoria en la mayor parte de los países que pertenecen a la OCDE), perfil nutricio, logos informativos (con características negativas o positivas de los productos) y sistemas de luces de tráfico. En México el etiquetado en vigor (el cual está actualmente en revisión) incluye la lista de ingredientes, información nutrimental y el etiquetado frontal con porcentajes relativos a la ingesta de 2,000 calorías para un adulto y criterios establecidos para grasas y azúcares.

Computermandream/Dreamstime.com

En restaurantes, hay evidencia que mostrar las calorías del menú o etiquetas de advertencia ha disminuido las calorías ingeridas por el consumidor. [...].
Por su parte, se menciona que existen campañas masivas que promueven alimentos saludables, como el consumo de frutas y verduras, en casi todos los países de la OCDE. [...]
[...]
Las políticas antes mencionadas están siendo utilizadas por los países de la OCDE para disminuir las tasas de sobrepeso y obesidad y su crecimiento en la población. Sin embargo, no se ha observado que se revierta en ninguno de los países. Es necesaria la cooperación del gobierno, asociaciones, industria y ciudadanía para mejorar el estado de nutrición en México y la población mundial.

Disponible en: http://oment.uanl.mx/mexico-ocupa-el-2o-lugar-en-obesidad-en-adultos-segun-la-ocde/. Acceso en: 03 jul. 2019.

## ¡Practiquemos!

**1** **Haz una investigación sobre cómo son los índices de obesidad y sobrepeso en nuestro país. ¿Cómo es el porcentaje en adolescentes y niños?**

________________________________________

________________________________________

________________________________________

**2** **¿Existe algún tipo de iniciativa para el control del sobrepeso y la obesidad en nuestro país?**

________________________________________

________________________________________

________________________________________

## EN EQUIPO

**1** **En pequeños grupos, propongan acciones para tornar la alimentación en su escuela más saludable. Piensen en menús opcionales para la cantina, carteles para dar consejos sobre buena alimentación a los otros alumnos etc.**

TeddyandMia/shutterstock.com

# Cultura en acción

## Las artes de los hispanohablantes

**¡DESCUBRE MÁS!**

Museo virtual de Guatemala:

- http://www.literaturaguatemalteca.org/pinacoteca.htm

### México

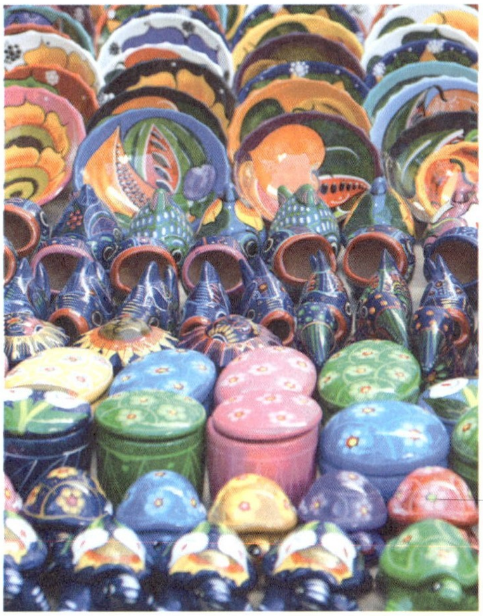

enti/iStockphoto.com

### Guatemala

Arte y cultura de Guatemala

Oscar Espinosa/Shutterstock.com

**¡DESCUBRE MÁS!**

Conoce más sobre el arte en México en los siguientes sitios:

- http://revistadecires.cepe.unam.mx/articulos/art5-10.pdf
- http://www.oei.es/cultura2/mexico/c9.htm

**España**

Otras disciplinas artísticas en España

G. Dagli Orti/De Agostini Picture Library/Getty Images

Javarman/Shutterstock.com

**Guinea Ecuatorial**

AKG-Images/Album/Fotoarena

Jack Vartoogian/Getty Images

# AHORA TE TOCA A TI

**1 Completa con O, U, Y, E.**

**a)** ¿El café con leche lo quieres claro _______ oscuro?

**b)** Español _______ inglés son los idiomas más hablados en Miami.

**c)** En las vacaciones juego _______ paseo con mis primos _______ hermanos.

**2 Completa el siguiente diálogo con las expresiones que están en la caja.**

| | |
|---|---|
| ¿podría traerme? | ¿qué les puedo ofrecer? |
| ¿qué nos recomienda? | tráiganos la cuenta |
| ¿qué le pongo? | a mí me trae |

**Mozo:** Buenas noches, ¿mesa para cuántas personas?
**Ricardo:** Somos 2 personas.
**Mozo:** Acompáñenme, por favor.

¿_______________________________ de bebida?

**Ricardo:** ¿_______________________________ una gaseosa de limón?

**Mozo:** ¡Claro! ¿Y a usted señorita? ¿_______________________________?
**Clara:** Me pone un agua mineral sin gas con hielo, por favor.
**Mozo:** Bien, ¿les gustaría alguna entrada?

**Ricardo:** No, queremos los platos principales de una vez. ¿_______________________________?

**Mozo:** El salmón está muy fresco. El salmón a la plancha es una muy buena opción. Y en el caso de las pastas, las medialunas rellenas con nueces y espinacas en salsa blanca también están muy buenas. La pasta es hecha aquí en el restaurante.

**Clara:** ¡Mmmm!, realmente parece todo delicioso.
**Ricardo:** Yo quiero las medialunas.

**Clara:** _______________________________ el salmón, con arroz blanco y papas fritas.
**Mozo:** ¿Quieren café o postre?

**Ricardo:** No, gracias, estamos satisfechos. _______________________________, por favor.
**Mozo:** Seguro.

## 3 Encuentra las siguientes palabras en la sopa de letras.

| | | | |
|---|---|---|---|
| camarero | gaseosa | restaurante | hamburguesa |
| dieta | jugo | servilletas | |

| | | | | | | | | | | | | | | |
|---|---|---|---|---|---|---|---|---|---|---|---|---|---|---|
| S | E | A | G | N | R | E | S | T | O | B | R | U | M | A |
| S | O | S | I | R | E | E | Y | O | T | E | L | N | A | B |
| D | U | A | R | E | S | T | A | U | R | A | N | T | E | F |
| D | I | E | T | A | R | Z | O | T | G | H | A | S | T | E |
| D | O | L | O | F | N | J | U | G | O | R | I | T | O | S |
| P | I | R | A | T | O | S | K | Y | R | E | T | O | G | E |
| S | U | E | L | A | C | A | M | A | R | E | R | O | L | R |
| T | O | R | T | E | V | A | J | U | N | T | R | S | E | V |
| P | O | L | A | A | R | G | F | E | S | I | A | H | G | I |
| A | S | D | F | G | H | J | K | L | P | S | Ñ | O | S | L |
| Ñ | A | S | E | W | Q | R | T | U | O | H | I | N | O | L |
| H | A | M | B | U | R | G | U | E | S | A | G | R | E | E |
| S | E | R | V | I | D | R | S | A | Z | C | B | R | E | T |
| C | A | R | Y | E | U | A | H | A | L | P | I | N | O | A |
| X | C | A | R | E | G | H | J | D | S | U | I | O | S | S |

## 4 Responde las preguntas.

**a)** Es el lugar donde vamos a comprar alimentos dentro de la escuela. ____________________.

**b)** Los usamos para comer, nos ayudan a pinchar y a cortar la comida. ____________________.

**c)** Es un problema de salud pública que ha alcanzado niveles preocupantes en países como Estados Unidos y México. ____________________.

**d)** Es el servicio que usamos para pedir comida por teléfono y tienen entrega. ____________________ ______________.

**e)** Donde se encuentran todas las opciones de comidas y bebidas de un restaurante, es informativo. ____________________.

# ¡NO TE OLVIDES!

**Conjunciones coordinantes**

- **Y**
  - Sirve para agregar o sumar dos o más elementos, objetos, personas o posibilidades válidas.
  - Si la palabra siguiente empieza con I o con HI, la conjunción Y se convierte en
  - **E**
- **O**
  - Tiene el sentido de una opción o elección. Si se presentan dos o más posibilidades solo una puede ser elegida.
  - Si la palabra siguiente empieza con O o con HO, la conjunción O se convierte en
  - **U**

**Imperativo**

se usa para

- dar órdenes
- dar consejos
- dar instrucciones

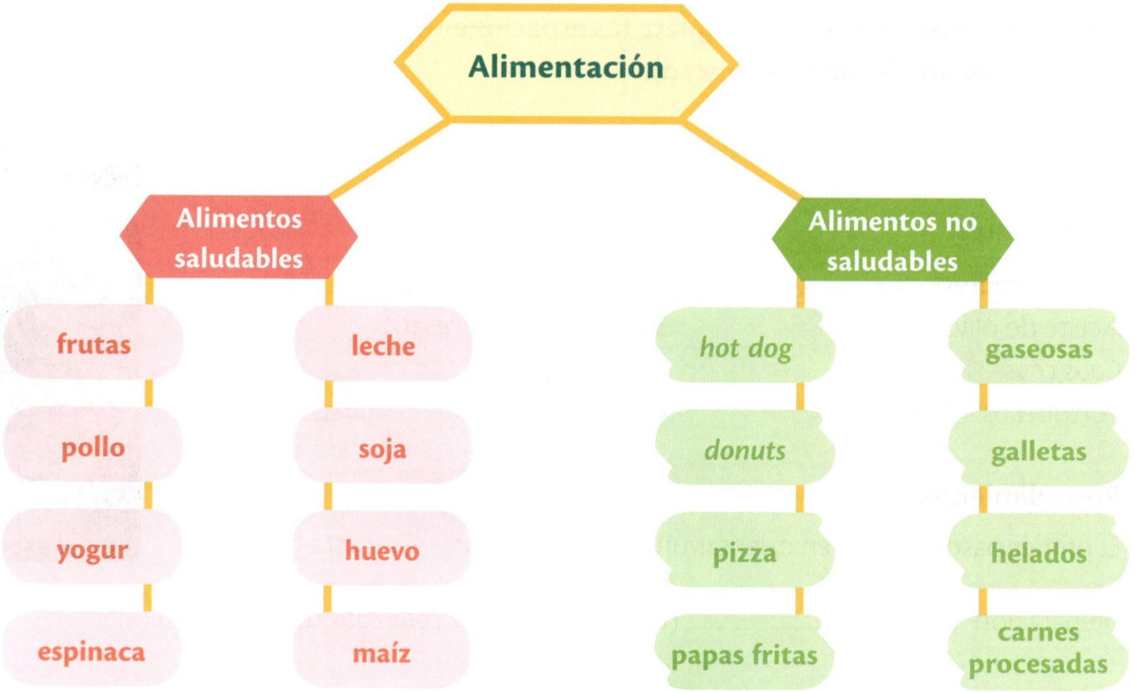
Alimentación
Alimentos saludables
frutas
pollo
yogur
espinaca
leche
soja
huevo
maíz
Alimentos no saludables
*hot dog*
*donuts*
pizza
papas fritas
gaseosas
galletas
helados
carnes procesadas

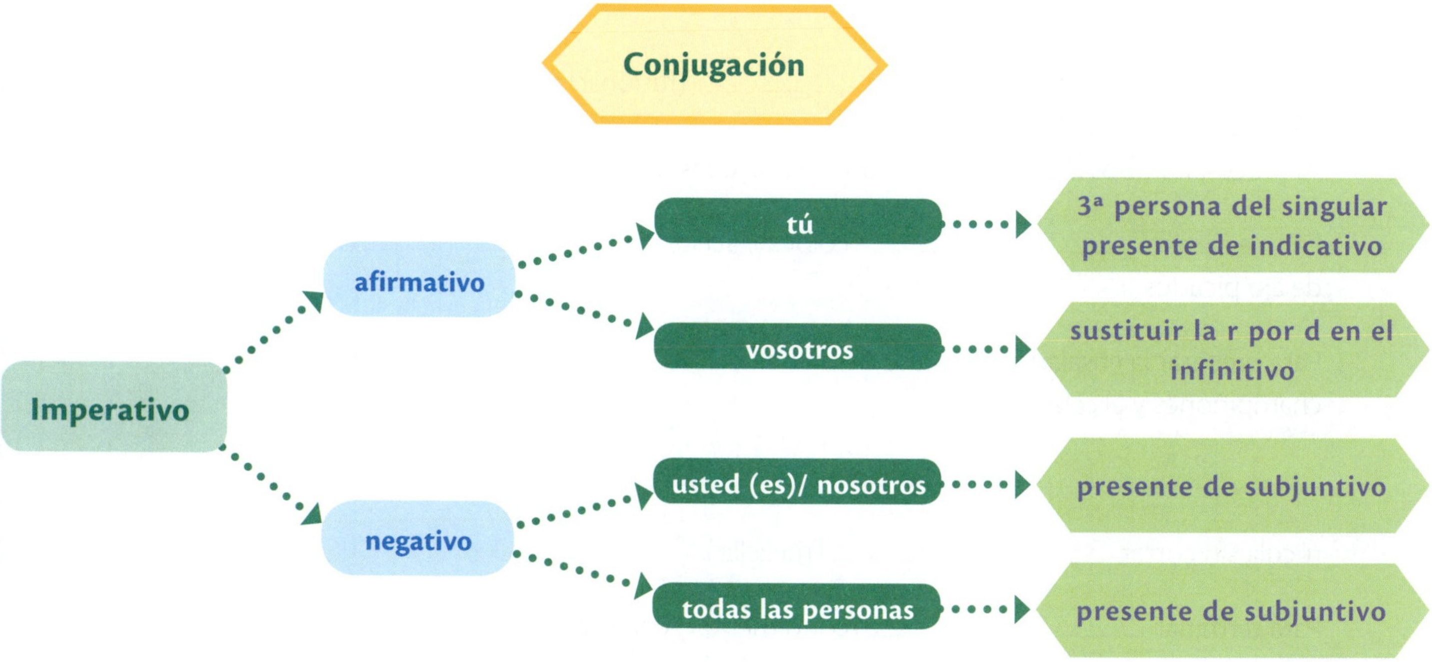
Conjugación
Imperativo
afirmativo
negativo
tú
3ª persona del singular presente de indicativo
vosotros
sustituir la r por d en el infinitivo
usted (es)/ nosotros
presente de subjuntivo
todas las personas
presente de subjuntivo

# REPASO

**1** **Revisa la siguiente receta y completa los espacios en blanco usando el imperativo para la tercera persona del singular (usted).**

## COUS COUS Y CHAMPIÑONES

Wiktory/iStockphoto.com

**Ingredientes:**

Ajo - 3 dientes
Aceite de oliva - 400 cc
*Cous cous* - 150 g
Portobellos - 250 grs
Perejil - cantidad necesaria
Sal - cantidad necesaria
Rúcula - 1 atado
Caldo de verduras - cantidad necesaria

**Procedimiento:**

El primer paso consiste en calentar un caldo de verduras. Con esta humeante preparación ____________________ (hidratar) 150 g de *cous cous* durante 10 minutos.

Luego ____________________ (cortar) ¼ k de champiñones de París o Portobellos en pequeños trozos.

____________________ (colocarlos) en una asadera, ____________________ (condimentar) con sal y pimienta al gusto, ____________________ (rociarlos) con abundante aceite y ____________________ (llevarlos) al horno.

Para el aderezo, en una jarra ____________________ (fusionar) algunas ramitas de perejil con 400 cc de aceite de oliva.
Al procesar ambos ingredientes se obtiene una consistencia cremosa muy aromática.

En una sartén ____________________ (colocar) aceite y ____________________ (dorar) 3 dientes de ajo picados.

Para preparar la ensalada, en la base de un *bowl*, ____________________ (colocar) los champiñones y el *cous cous*.

____________________ (agregar) el ajo frito y ____________________ (sumar) unas hojas de rúcula sin cortar. ____________________ (mezclar).

Para terminar ____________________ (condimentar) con el aceite de perejil, sal y pimienta.

Disponible en: http://elgourmet.com/receta/cous-cous-y-champinones.
Acceso en: 23 jun. 2019.

**2** **Completa las siguientes peticiones usando el imperativo (regular e irregular) en la persona correspondiente.**

**a)** Por favor, ________________ (pasarme / tú) el sacapuntas.

**b)** Chicos, ________________ (darme / Uds.) sus exámenes, se acabó el tiempo.

**c)** Les agradezco su colaboración. ______________ una fila atrás de la puerta corrediza. (hacer / Uds.)

**d)** Por favor, ________________ (tener / usted) en mano sus documentos de identificación.

**e)** ________________ (hacer / nosotros) una fiesta sorpresa para Matías.

**3** **Completa con O, U, E, Y.**

**a)** Por favor, tráigame una gaseosa con hielo ______ limón.

**b)** ¿El avión sale a las 7:00 ______ 8:00 de mañana?

**c)** Había seis ______ siete cuestiones para responder en el test.

**d)** Había tanta ropa para remendar que compramos agujas ______ hilos y trabajamos toda la tarde.

**4** **Descubre la frase que se forma al resolver las palabras del crucigrama.**

**1)** Generalmente, es lo primero que pedimos al llegar a un restaurante, la usamos para hidratarnos. ________________.

**2)** Mucha gente lo toma por la mañana, para despertarse y sentirse más activa, algunos le agregan azúcar. ________________.

**3)** Viene después del plato principal, por lo general es un plato dulce. ________________.

**4)** La persona que sirve a los clientes en los restaurantes. ________________.

**5)** Muy consumida en verano, es la preferida por aquellos que están haciendo dieta o simplemente quieren llevar una vida más saludable. ________________.

**6)** Otro nombre que se le da al menú, donde están todas las opciones de platillos y bebidas. ________________.

# DESAFÍO

## Universidade de Caxias do Sul – (UCS/2012)

### ARTE CACHORRO

**Al margen del circuito consagrado, una nueva corriente de arte se abre paso en distintos barrios de la ciudad. Te mostramos sus principales exponentes.**

Por María Güiraldes.

Joven, emergente, under o "cachorro", como lo denomina el galerista Mariano López Seoane, lo cierto es que el arte siempre encuentra formas alternativas para expresarse. En distintos barrios de la ciudad, hoy puede trazarse un recorrido nuevo de galerías dirigidas a pulmón por jóvenes enamorados del arte.

_________ distintos formatos, acaso más maleables que lo que el canon indica, estos espacios adquieren las formas que quienes los dirigen consideran más aptas para exponer su propia visión de este inquietante campo de la cultura. _________, *Miau Miau* – la galería de López Seoane – convive en armonía con los estudios de la fotógrafa de moda Cecilia Gilk y la estilista Clarisa Furtado. *Mite*, junto a la librería de arte, diseño y fotografía contemporánea *Purr* se ubica en un local comercial del Patio del Liceo, un ex paseo de compras abandonado sobre la avenida Santa Fe. Al tiempo que *Meridión* ensaya nuevos modos de trabajo en asociación con los artistas y *Bonjour* se erige como el exponente *off* del *off* del arte.

La reconocida licenciada en Historia del Arte Laura Batkis manifiesta su respeto hacia estas iniciativas "por estar más ligadas con el amor por el arte que a la exclusiva comercialización del arte como producto" y aclara que prefiere denominar el circuito "arte del margen" o "emergente" y no etiquetarlo como "joven" porque según ella, "la juventud no es criterio de calidad".

#### MITE + OZ

**Recoleta**

**El formato:** un paseo de compras recuperado que en el primer piso alberga galerías – como *Mite* y Oz – y talleres de artistas.

[...]

**La historia:** Nicolás alquiló un local para montar su estudio de diseño *Rostbif* con un espacio extra "para hacer muestra y pequeñas fiestas". A mediados de 2008, llamó a Marina para armar una galería que llamaron *Mite*. Al tiempo, Marina abrió *Purr*, una librería de diseño, fotografía y arte contemporáneo. Al lado de *Mite* y *Purr* está Oz, el proyecto de tres artistas que desde hace un año muestran obras y proyectos que los atraen "tanto por su sensibilidad y emotividad como por su valor artístico".

**La data:** con cita previa: Av. Santa Fe 2729. Mite: lunes a sábado de 15 a 20, locales 30 y 32, www.mitegaleria.com.ar. Oz: miércoles a sábado de 16 a 20, local 33 www.galeria-oz.blogspot.com.

(Güiraldes, M. Ohlalá! p. 74-75, nov. 2010 - Texto adaptado.)

**1** **Assinale a alternativa que completa, correta e adequadamente, as lacunas nas linhas 04 e 06.**

a) **Luego** e **Pero**
b) **Por** e **Además**
c) **Bajo** e **Así**
d) **Aunque** e **Sin embargo**
e) **Si** e **Más**

**2** **Analise a veracidade (V) ou a falsidade (F) das proposições abaixo, com base no texto.**

( ) A primeira ocorrência do pronome **lo** (linha 01) refere-se ao segmento **el arte** (linhas 01 e 02).

( ) O pronome **-lo** em etiquetarlo (linha 13) refere-se a **joven** (linha 13).

( ) O pronome **ella** (linha 13) refere-se a **Laura Batkis** (linha 11).

**Assinale a alternativa que preenche adequadamente os parênteses, de cima para baixo.**

a) V – F – F
b) F – F – V
c) F – V – F
d) V – F – V
e) V – V – V

**3** **De acordo com o texto, é correto afirmar que:**

a) os jovens estão tendo dificuldades em demonstrar suas habilidades artísticas.
b) a arte encontra, de qualquer maneira, formas originais de se manifestar.
c) o amor à arte leva os jovens a cometerem loucuras.
d) a arte ganha espaços em bairros finos das grandes cidades.
e) os artistas emergentes têm mais garantias de sucesso artístico.

**4** **Analise a veracidade (V) ou a falsidade (F) das proposições abaixo, com base no texto.**

( ) A galeria *Oz* está aberta aos domingos, mas não às segundas e terças-feiras.

( ) Para visitar a galeria Mite, basta citar previamente ter visto alguma reportagem.

( ) Mite é uma galeria cujos donos são Nicolás e Marina; mas *Purr* pertence somente a esta última.

**Assinale a alternativa que preenche adequadamente os parênteses, de cima para baixo.**

a) F – F – F
b) F – F – V
c) F – V – F
d) V – F – V
e) V – V – F

Disponible en: www.ucs.br/site/midia/arquivos/3_lingua_espanhola_vestibular_inverno_2012.pdf. Acceso en: dic. 2013.

# UNIDAD 5

# LA MODA

Iakov Filimonov/Shutterstock.com

Nenad Aksic/iStockphoto.com

Purestock/iStockphoto.com

Michael Kovac/WireImage/Getty Images

# EN ESTA UNIDAD

- Hablaremos sobre los gustos y preferencias.
- Aprenderemos nombres de ropas y accesorios.
- Estudiaremos verbos usados en descripciones.
- Aprenderemos las conjunciones temporales y condicionales.
- Haremos descripciones de personas.
- Hablaremos sobre consumismo.

**1** **¿Sabes qué son las tribus urbanas? Charla con tus compañeros sobre el tema. Mira las fotos y trata de descubrirlo.** Actividad oral

**2** **Combina las tribus urbanas con las definiciones a continuación:**

Nerds • Hippies • Roqueros

**a)** _______________: se dejan largas melenas y llevan ropa llamativa con colores intensos. Ponchos, cintas de pelo de colores, bolsos de tela y parches.

**b)** _______________: según la cultura popular, la forma de vestir de ellos se caracteriza por no seguir modas, teniendo una apariencia clásica y desfasada.

**c)** _______________: tupé y patillas, cazadoras cortas y tejanos con grandes hebillas de metal e insignias dibujadas manualmente en la espalda; botas camperas con punteras muy extremadas.

Marjorie Kamys Cotera/Bob Daemmrich Photography/Alamy/Fotoarena

CAPÍTULO 1

# ¡Prepárate!

**1** **¿Vamos a ver sobre qué conversan Fernando y Begoña? ¿Qué pasa?**

AUDIO 9

**Fernando:** Uy, ¿qué te hiciste en el pelo, Begoña?

**Begoña:** ¿Te gusta?

**Fernando:** Es diferente. ¿Te gustó como quedó?

**Begoña:** Muchas horas para hacerlo. Mientras lo hacían casi me duermo, pero me gustó. Hay unos modelos para varones también.

**Fernando:** A mí me gusta así como lo tengo, natural.

**Begoña:** Es lindo también, pero me gusta cambiar. Me gusta probar cosas diferentes. Me encanta la moda. Apenas me canse, voy a hacerme otra cosa en el pelo.

**Fernando:** No le doy mucha importancia a la moda, ando siempre igual.

**Begoña:** Sí, siempre igual, pero en la moda de los roqueros. Andar en la moda no es estar con el último invento de la estación. Es decidir un estilo y seguirlo. Es difícil que alguien no tenga un gusto especial por algo.

**Fernando:** Bueno, en este caso sí, me gusta la moda. Mi moda. ¿Y tú no gastas mucho dinero con todo eso que usas?

**Begoña:** No. Es cuestión de buscar los lugares adecuados. No compro nada de marca, y las pulseras y todo eso que me encanta usar lo hago yo misma; me encanta la artesanía.

João P. Mazzoco

**a)** ¿Qué hizo de diferente Begoña?

______________________________

**b)** ¿A Begoña le gusta estar siempre igual? Y Fernando, ¿hace lo mismo?

______________________________

**c)** ¿Qué es la moda para Begoña?

______________________________

## 2 ¿Qué te pasa? Charla con tus compañeros sobre los temas a continuación.

Actividad oral

a) ¿Tu estilo es parecido al de alguno de los dos personajes?

b) ¿Te gusta la artesanía? ¿Sabes hacer algo?

## 3 Lee el texto y reflexiona.

### LOS MONOS BUBUANOS

Había una vez una extraña selva llena de monos bubuanos. Los bubuanos eran unos monos de largos brazos y piernas cortitas, que dedicaban todo el tiempo a adornar sus brazos de coloridas y brillantes pulseras. Cada cierto tiempo les visitaba el macaco Mambo, con su carro lleno de pulseras y cachivaches. En una de sus visitas, apareció con unas enormes y brillantísimas pulseras, las más bonitas que había llevado nunca. Y también las más caras, porque nunca antes había pedido tanto por ellas. Todos los bubuanos, menos Nico, corrieron por todas partes a conseguir plátanos suficientes para pagar su pulsera. Siendo tan caras, tenían que ser las mejores.

Pero Nico, que guardaba plátanos por si alguna vez en el futuro hicieran falta, y que a menudo dudaba de que todas aquellas pulseras sirvieran para algo, pensó que eran demasiado caras. Pero como no quería desaprovechar la visita de Mambo, rebuscó entre sus cachivaches algo interesante, hasta dar con una caja extraña llena de hierros torcidos. "No sirve para nada, Nico", le dijo el vendedor, "puedes quedártela por un par de plátanos".

Marcos Guilherme

Así, Mambo se fue habiendo vendido sus pulseras, dejando a los bubuanos encantados y sonrientes. Pero al poco tiempo comenzaron a darse cuenta de que aquellas pulseras, tan anchas y alargadas, no dejaban mover bien los brazos, y eran un verdadero problema para hacer lo más importante en la vida de un bubuano: coger plátanos. Trataron de quitárselas, pero no pudieron. Y entonces resultó que todos querían los plátanos de Nico, que eran los únicos en toda la selva que no estaban en los árboles. Así, de la noche a la mañana, Nico se convirtió en el bubuano más rico y respetado de la selva.
Pero no quedó ahí la cosa.
Aquella caja de raros hierros torcidos que tan interesante le había parecido a Nico y tan poco le había costado, resultó ser una caja de herramientas, y cuando Nico descubrió sus muchas utilidades, no solo pudo liberar a los demás bubuanos de aquellas estúpidas pulseras, sino que encontraron muchísimas formas de utilizarlas para conseguir cosas increíbles.

Y así fue como, gracias a la sensatez de Nico, los bubuanos comprendieron que el precio de las cosas nada tiene que ver con su valor real, y que dejarse llevar por las modas y demás mensajes de los vendedores es una forma segura de acabar teniendo problemas.

Pedro Pablo Sacristán. Disponible en: http://cuentosparadormir.com/infantiles/cuento/los-monos-bubuanos. Acceso en: 28 jun. 2019.

**a)** ¿De dónde viene el valor de las cosas de acuerdo con el texto?

______________________________

______________________________

**b)** ¿Estás de acuerdo con el mensaje del texto? ¿Por qué?

______________________________

______________________________

**c)** Charla con tus compañeros sobre el consumismo. Actividad oral

## ¡Practiquemos!

**1** **Observa el vocabulario a seguir.**

**PARA AYUDARTE**

**¿Te acuerdas de todo esto?**

**Ropas**

abrigo

suéter, pulóver

chaqueta

chaleco

Ilustrações: João P. Mazzoco

falda, pollera

pantalones cortos, bermuda

short

pantalones vaqueros, jeans

vestido

traje

panty, calzoncillo

bañador / malla

pijama/ piyama

biquini

sostén, sujetador, corpiño

bragas / bombacha

camisón / jersey

medias / calcetines

## PARA AYUDARTE

### Accesorios

anillo · collar · corbata · cinturón · pendientes / aros / caravanas / aretes · pulsera · reloj · llavero

Ilustrações: João P. Mazzoco

bolso · mochila · gafas / anteojos / lentes · gafas de sol

boina · gorra · pañuelo · paraguas · bufanda · guantes

### Calzados

botas · pantuflas · chinelas · sandalias · tacones / taco alto · zapatillas · zapatos

### Tipos de uñas

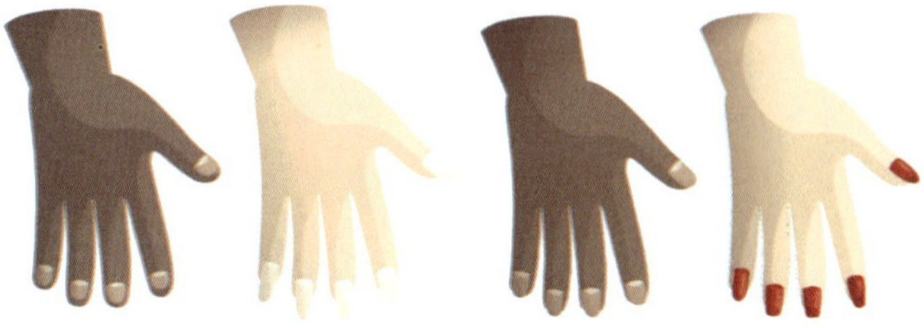

cortas · largas · naturales · pintadas

**PARA AYUDARTE**

## Pelo

Ilustrações: João P. Mazzoco

largo | corto | atado | suelto | teñido | alisado | con trenza | natural

## Colores

amarillo | beige | dorado | lila | naranja | rojo | verde

blanco | gris | marrón | negro | rosa | violeta | azul

**Verbos usados en descripciones**

usar, llevar, vestir, calzar

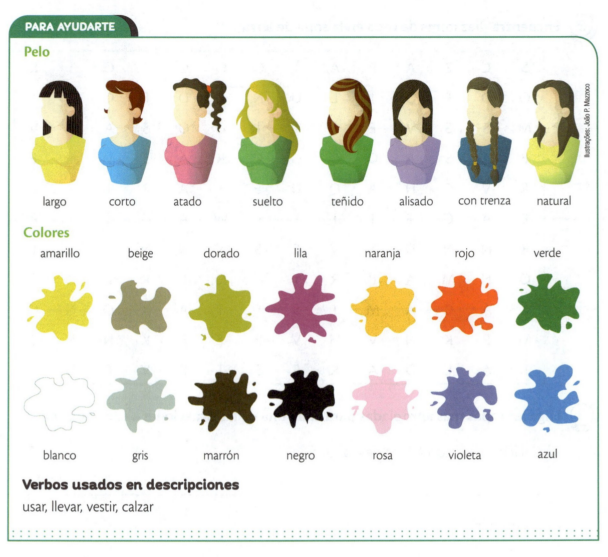

- Ahora, vamos a describir a nuestros compañeros. Para eso, usa las palabras de los cuadros anteriores.

______________________________________________

______________________________________________

______________________________________________

______________________________________________

______________________________________________

______________________________________________

______________________________________________

______________________________________________

**2** **Encuentra diez ítems de ropa en la sopa de letras.**

| | | | | | | | | | | | | | |
|---|---|---|---|---|---|---|---|---|---|---|---|---|---|
| S | C | Z | A | P | A | T | O | O | C | E | G | I | R |
| O | D | F | O | J | L | U | N | P | D | F | C | P | I |
| M | S | S | V | E | S | T | I | D | O | S | A | A | V |
| B | A | S | A | O | B | G | C | R | A | S | M | N | E |
| R | V | C | H | A | Q | U | E | T | A | R | I | T | R |
| E | A | G | T | J | I | E | E | W | A | G | S | A | R |
| R | N | N | D | X | V | E | S | Y | N | N | A | L | E |
| O | N | M | A | B | R | I | G | O | L | R | E | Ó | T |
| C | A | C | A | M | I | S | E | T | A | X | O | N | Ó |
| M | P | K | N | V | H | V | R | Z | P | K | N | P | O |
| F | A | L | D | A | R | E | S | T | B | V | F | N | A |

**3** **Elige las ropas más apropiadas para cada una de las situaciones a continuación.**

a) Colación de grado / Acto de graduación.

______________________________

b) Ir a dormir.

______________________________

c) Trabajar en una oficina.

______________________________

______________________________

d) Pasear en el *shopping*.

______________________________

e) Ir a la playa.

______________________________

f) Quedarse en casa.

______________________________

# ¡Lengua!

## Conjunciones

Son palabras que relacionan algunos de los elementos de las oraciones, haciendo que toda la oración adquiera un sentido expresivo completo.

**Conjunciones temporales** indican la circunstancia temporal: **cuando**, **luego**, **tan luego**, **antes que**, **después que**, **mientras**, **mientras que**, **no bien** etc.

Ejemplos:

- Nos vemos **luego**.
- Te llamaré por teléfono **después** de almorzar.

**Conjunciones condicionales** indican condición: **si**, **pero si**, **sino**, **como**, **con tal que**, **a no ser que**, **salvo que** etc.

Ejemplos:

- Hazlo **como** puedas.
- Trataré de detenerlo **con tal que** lo alcance.

### ¡Practiquemos!

**1** **Completa las oraciones con una de las conjunciones temporales o condicionales del cuadro.**

| | |
|---|---|
| cuando<br>mientras<br>con tal que | a no ser que<br>a menos que |

a) ____________________ haya vida, siempre hay una esperanza.

b) ____________________ salgas, cierra bien las puertas y ventanas de la casa.

c) Los elogia mucho, ____________________ lo aplaudan a él también.

d) Va a salir todo mal, ____________________ modifiques tu comportamiento.

e) Terminará todo muy mal, ____________________ cambies tu forma de ser.

AUDIO 10

# A escuchar

**1** **¿Te tomas fotos con tus amigos? Vamos a ver quiénes son las personas de la foto. Escucha la conversación y pon los nombres a las personas.**

• Ahora, escribe en la tabla la descripción de cada uno. Mira el modelo.

| Nombre | Descripción | Nombre | Descripción |
|---|---|---|---|
| **Alicia** | Es la de blusa roja. Estudia en la misma escuela ahora. | **Héctor** | |
| **Roberto** | | **Juana** | |

| Nombre | Descripción | Nombre | Descripción |
|---|---|---|---|
| **Martina** | | **Florencia** | |
| **Diego** | | **Santiago** | |
| **Cintia** | | | |

Actividad oral

**2** **Toma un elemento de cada cuadro y habla con tus compañeros. Usa las palabras y expresiones siguientes.**

| | | |
|---|---|---|
| mientras | a no ser que | ponerse un *piercing* |
| apenas | a menos que | usar minifalda |
| tan luego | dejarme la barba y el bigote | dejarse el pelo largo |
| si | teñirse el pelo | raparse el pelo |
| con tal que | hacerse un tatuaje | hacerse un corte de pelo |

Ejemplos:

A no ser que cambie de idea, nunca quiero teñirme el pelo.

Si consigo coraje, me voy a teñir el pelo de azul.

**3** **Comenta las siguientes frases con tus compañeros. Señala cuáles son los aspectos positivos y negativos que encuentras en cada pregunta o afirmación. ¡Vamos a desfilar por la clase!**

Actividad oral

a) ¿Por qué razones eliges una camisa: por el color, porque combina con tu bolso, porque es cómoda, porque tiene un buen diseño?

b) ¿Es importante para ti la marca cuando compras ropa? ¿Marca equivale para ti a calidad o a buen diseño?

c) En nuestra sociedad, ¿Es importante vestirse bien? ¿Ir vestido a la moda equivale a tener éxito en la vida?

d) ¿Expresas el estilo de tu personalidad mediante la ropa que te pones?

e) ¿Es la moda la causante de enfermedades como la anorexia y la bulimia? ¿Nos puede esclavizar la moda?

# Atando cabos

## UNA FORMA DE CONSUMO DIFERENTE

Reprodução/Día de Trueque

¡Viernes de *shopping*! Y que mejor que comenzarlo con un lugar que seguramente les va a encantar a todas las fashionistas. Se trata de Troquer, un espacio para poder comprar, vender e intercambiar tus prendas y accesorios con otras chicas igual de adictas a la moda que tú. Suena súper bien, ¿no? Te vamos a platicar de que se trata y cómo funciona.

TROQUER comienza por querer compartir una emoción que todas las mujeres conocemos perfectamente: estrenar ropa sin gastar mucho.
Llevamos más de siete años intercambiando nuestras prendas entre amigas, sacando de nuestro clóset cosas en buen estado pero que ya no nos emocionan y cambiándolas por otras que sí nos producen esta sensación. Pensamos: Qué delicia poder deshacerse de lo que ya no te da ilusión y hacerse de ropa que es como nueva. Esto lo tienen que vivir otras mujeres.
Nos encanta su propuesta porque es una excelente opción para darle vida a otras formas de consumo. Lo mejor de todo es que en Troquer encontrarás además de prendas básicas que todo guardarropa debe tener, tendencias de temporada para mantener esa alegría por estrenar. Sabemos que la moda es cíclica y todos los *trends* regresan por lo mismo: es momento de que te eches un vistazo a tu clóset e identifiques que prendas necesitas para crear *looks* de impacto y cuáles ya no te emocionan tanto.

Saša Prudkov/Dreamstime.com

Disponible en: https://www.shoppergirls.com/troquer-compra-venta-y-trueque/. Acceso en: 03 jul. 2019.

La sociedad actual caracterizada por el consumismo, la perfección, las exigencias, la vorágine de la vida cotidiana, ha fomentado la aparición de nuevas patologías, trastornos, síndromes. Si bien, en muchos casos, pasa desapercibida, la adicción a las compras resulta ser un gran problema a la hora de chequear nuestra cuenta bancaria. Las personas adictas a las compras no pueden controlar su impulso de comprar artículos innecesarios por los cuales pagan sumas inaccesibles para su economía. Esta situación es vivida con gran estrés con un posterior sentimiento de culpa al respecto.

Disponible en: http://salud.uncomo.com/articulo/como-detectar-a-un-adicto-de-las-compras-3010.html#ixzz2hz8W1RoI. Acceso en: 20 jun. 2019.

## ¡Practiquemos!

**1** **¿De qué se trata el texto anterior? ¿Qué informaciones trae?**

______________________________________________

______________________________________________

**2** **¿Qué opinión tienes acerca del consumismo?**

______________________________________________

______________________________________________

**3** **¿Existe algún tipo de economía de trueque o de venta de productos usados en tu ciudad? Describe la actividad.**

______________________________________________

______________________________________________

**4** **¿Qué tipo de cosas intercambiarías para reusar y ahorrar dinero? ¿Cuáles artículos te gustarían que estuvieran disponibles para trueque?**

______________________________________________

______________________________________________

**5** **En caso de que no exista la economía de trueque o de venta de usados en tu ciudad, crea en el cuaderno un proyecto de tienda de trueque. ¿Cómo sería? ¿Qué tipo de artículos aceptarían? ¿Cuál sería el público de tu tienda? Explícalo a tu profesor y tus compañeros.**

______________________________________________

______________________________________________

# AHORA TE TOCA A TI

**1 Completa las frases con una de las conjunciones temporales del cuadro.**

cuando • tan luego • no bien • mientras

a) ______________ se enteró me lo contó todo.

b) Siempre canta ______________ se baña.

c) ______________ me lo pregunten, responderé exactamente lo que sé.

d) Volveremos ______________ nos convenga más.

e) ______________ llegaron a casa llamaron a sus tíos.

**2 Completa las frases con una de las conjunciones condicionales del cuadro. Puede haber más de una opción para cada frase.**

salvo que • a no ser que • a menos que • con tal de que • con tal que

a) Creo que vamos a perder el ómnibus, ______________ corramos contra el tiempo.

b) Voy a viajar todo el mes de enero, ______________ se me acabe el dinero antes.

c) Está bien, te lo cuento todo, ______________ no me molestes más.

d) Volveremos a hablarnos mañana, ______________ me quede sin conexión de Internet.

e) ______________ me devuelvas el libro que te presté, hoy no vas a llevarte otro.

**3 Intenta descubrir la frase oculta con los códigos de las letras. Ya te damos algunas pistas: las letras acentuadas no llevan código y están visibles, o sea, no se repiten. La frase está relacionada a moda.**

| A | B | C | D | E | F | G | H | I | J | K | L | M | N | O | P | Q | R | S | T | U | V | W | X | Y | Z |
|---|---|---|---|---|---|---|---|---|---|---|---|---|---|---|---|---|---|---|---|---|---|---|---|---|---|
| 20 | | 5 | | 1 | | 4 | | | | | 12 | | | 13 | 22 | | 15 | | | | | | | | |

| L | ___ | | ___ | O | ___ | ___ | | ___ | ___ |
|---|---|---|---|---|---|---|---|---|---|
| 12 | 20 | | 9 | 13 | 23 | 20 | | 1 | 6 |

| C | Í | C | L | ___ | C | A | . | ___ | ___ | ___ | P | ___ | É | S |
|---|---|---|---|---|---|---|---|---|---|---|---|---|---|---|
| 5 | | 5 | 12 | 19 | 5 | 20 | | 23 | 1 | 6 | 11 | 17 | | 6 |

| ___ | ___ | | C | ___ | ___ | R | ___ | O |
|---|---|---|---|---|---|---|---|---|
| 23 | 1 | | 5 | 19 | 1 | 15 | 2 | 13 |

| ___ | ___ | ___ | ___ | P | O | | R | ___ | ___ | R | ___ | ___ | A | . |
|---|---|---|---|---|---|---|---|---|---|---|---|---|---|---|
| 2 | 19 | 1 | 9 | 22 | 13 | | 15 | 1 | 4 | 15 | 1 | 6 | 20 | |

______________________________________________

**4** **Lee las pistas que te damos sobre algunas prendas de vestir y completa el crucigrama.**

**Horizontal**

**2.** Accesorio unisex que se lleva en la cabeza para protegernos de la luz del sol; también se usa en algunos deportes. ____________

**4.** Prenda de vestir usada por hombres y mujeres para proteger los pies al llevar el calzado.

____________.

**5.** Accesorio unisex que indica la hora del día.

____________.

**6.** Calzado femenino que eleva la altura de las mujeres. ____________.

**Vertical**

**1.** La usamos en el cuello para cubrirnos del frío.

____________.

**3.** Calzado que deja los dedos de los pies al descubierto; puede ser usado por hombres y mujeres. ____________.

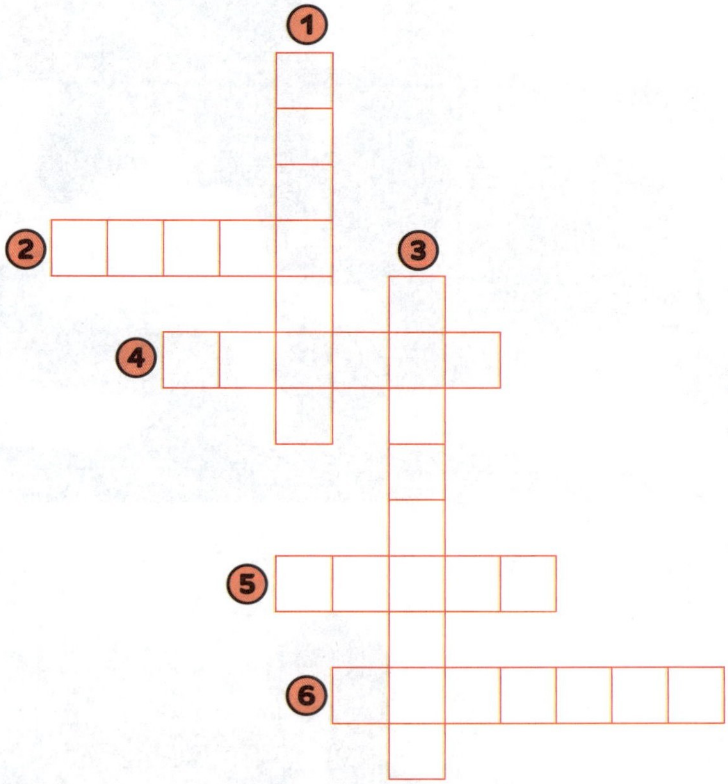

UNIDAD

# 6 LAS PROFESIONES

Gabivali/Dreamstime.com

monkeybusiness/iStockphoto.com

Dmitry Kalinovsky/iStockphoto.com

Jonathan Ross/Dreamstime.com

Dean Golja/iStockphoto.com

mangostock/iStockphoto.com

# ||| EN ESTA UNIDAD |||

- Hablaremos de tipos de oficios y profesiones.
- Conversaremos sobre el futuro profesional.
- Estudiaremos los heterotónicos y los heterosemánticos.
- Daremos y pediremos opiniones.

**1** **¿Qué quieres ser cuando seas adulto?**

______________________________________________

______________________________________________

**2** **Completa las categorías a seguir con las informaciones adecuadas para cada una de las profesiones a continuación. Para ayudarte, mira el cuadro siguiente.**

| | |
|---|---|
| estetoscopio | instrumentos musicales |
| Educación superior | Humanas |
| Oficina de ingeniería | libros de legislación |
| calculadora/plancheta | Bufete de abogados/corte |
| Exactas | hospital/clínica médica |
| Escuela de música | Educación superior/técnica |
| Biológicas | |

| | médico | abogado | ingeniero | músico |
|---|---|---|---|---|
| **local de trabajo** | | | | |
| **escolaridad** | | | | |
| **instrumentos** | | | | |
| **área de conocimiento (Humanas, Exactas o Biológicas)** | | | | |

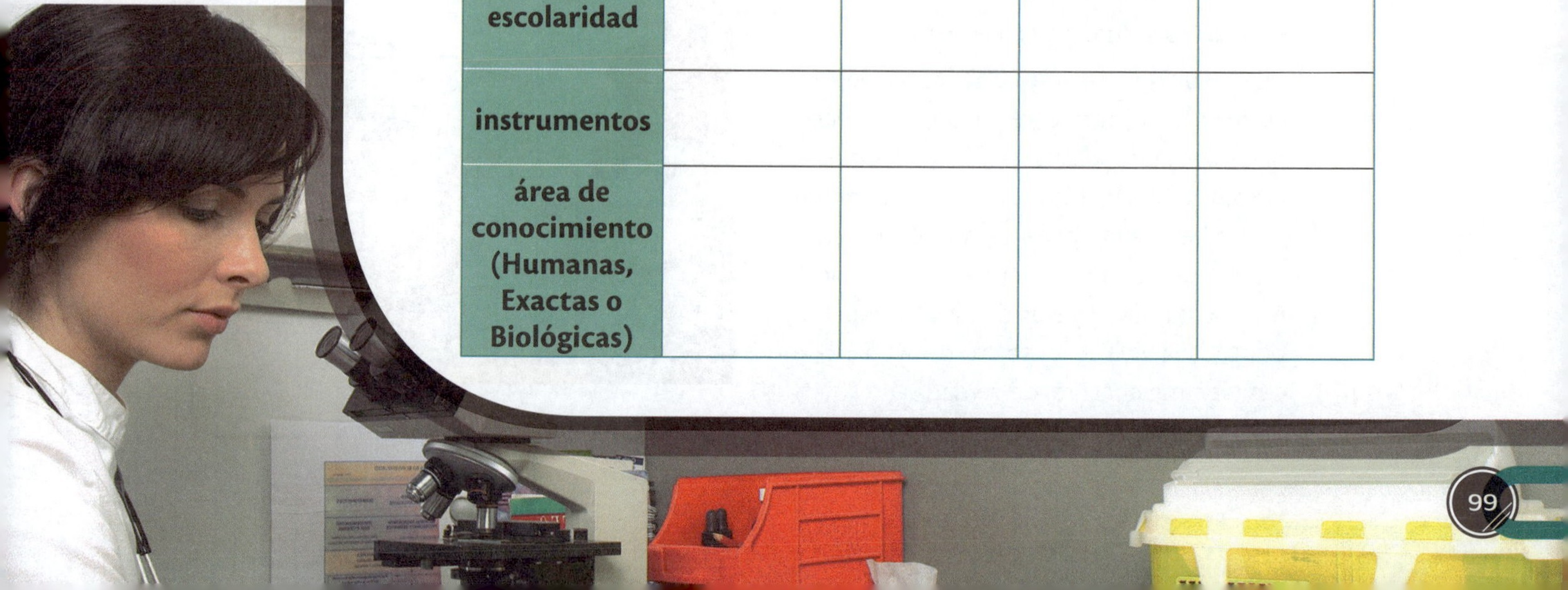

CAPÍTULO 1

# ¡Prepárate!

**1** **¿Tienes alguna idea de qué profesión vas a seguir? ¿Vas a hacer algún curso técnico o vas a estudiar en alguna universidad? ¿Quieres seguir la carrera de tus padres?**

---

---

**2** **¿Qué pasa en el diálogo? ¿Qué profesiones van a seguir Pilar y Rafael?**

AUDIO 11

**Pilar:** El año que viene voy a cambiar de escuela.

**Rafael:** ¿Por qué?

**Pilar:** Porque quiero estudiar Medicina y, para conseguir entrar en una universidad pública, tengo que estudiar mucho y en una escuela que me dé mucho contenido específico en biología.

**Rafael:** ¿Ya sabes con tanta seguridad lo que quieres estudiar? ¡Qué envidia, no tengo la más mínima idea de mi futuro!

**Pilar:** ¿Cómo ni idea? Te voy a hacer las mismas preguntas que mi mamá me hacía el año pasado. Primero vamos a dividir el estudio en tres grandes áreas: Exactas, Humanas y Biológicas. Dentro de estas tres, ¿cuál te gusta más?

**Rafael:** No sé, me gusta leer y escribir.

**Pilar:** Humanas, entonces. O sea, ya tienes alguna idea. Dentro de esa gran área, tienes que investigar todas las posibilidades que existen. Yo decidí estudiar Medicina porque, aparte de que me encanta la biología, tengo un tío que es médico y hablo mucho con él. Me cuenta que, a pesar de estudiar mucho y por toda la vida, le gusta eso de ayudar. A mí también me encanta, de verdad.

**Rafael:** Lo de ayudar también me gusta. Lo que no me gusta es la sangre. Yo no tendría ganas de convivir con eso. Me gusta hablar y enseñar, tal vez.

**Pilar:** Mi madre es enfermera y mi padre es psicólogo, y ellos estudian mucho. Dicen que, si yo elijo Medicina, voy a tener que hacer como ellos también. Pero eso no es un problema para mí, ya sabes que me gusta estudiar, ¿no?

**Rafael:** Te felicito, Pilar. Menos mal que tenemos tres años todavía para elegir. Quiero pensar bastante y conocer más cosas para saber qué es lo que realmente me gusta.

Marcos Guilherme

**a)** ¿Qué novedad cuenta Pilar y por qué ese cambio?

______________________________________________

______________________________________________

**b)** ¿Cuáles son las tres grandes áreas de estudio de las que habla Pilar?

______________________________________________

**c)** ¿En cuál área está lo que quiere estudiar Pilar? Y, ¿qué cosas le gustan a Rafael y en qué área de estudio encajan esas cosas?

______________________________________________

______________________________________________

**3** **¿Qué te pasa? Charla con tus compañeros sobre los siguientes temas.** Actividad oral

**a)** ¿Ya habías hablado de seguir alguna carrera?

**b)** ¿Qué tipos de profesiones te interesan? ¿Por qué?

**c)** Aparte de las materias escolares, ¿qué cosas te gusta hacer?

**PARA AYUDARTE**

**Profesiones**

**Algunas profesiones que exigen estudio en universidades**

el abogado / la abogada
el farmacéutico / la farmacéutica
el médico / la médica
el ingeniero / la ingeniera
el periodista / la periodista
el psicólogo / la psicóloga
el veterinario / la veterinaria
el arquitecto / la arquitecta
el dentista / la dentista
el enfermero / la enfermera
el juez / la jueza
el historiador / la historiadora
el músico / la música
el profesor / la profesora

**Algunas profesiones para las cuales hay que hacer un curso técnico**

el carpintero / la carpintera
el fotógrafo / la fotógrafa
el mecánico / la mecánica
el piloto / la piloto
la azafata / el auxiliar de vuelo
el electricista / la electricista
el masajista / la masajista
el peluquero / la peluquera
el sastre / la costurera
el secretario / la secretaria

**PARA AYUDARTE**

**Algunas profesiones que no exigen ningún curso específico, pero requieren habilidad y práctica**

el camionero / la camionera
el cocinero / la cocinera
el granjero / la granjera
el pintor / la pintora
el empresario / la empresaria
el jardinero / la jardinera
el poeta / la poetisa
el zapatero / la zapatera
el camarero / la camarera
el bombero / la bombera
el carnicero / la carnicera
el cartero / la cartera
el escritor / la escritora
el pescador / la pescadora
el político / la política
el niñero / la niñera
el recepcionista / la recepcionista
el telefonista / la telefonista

**Algunos oficios y profesiones modernos**

Analista de datos
Consultor de sostenibilidad
Ingeniero de turbinas mecánicas
Diseñador de videojuegos
Consultor de placas solares

## ¡Practiquemos!

**1** **Relaciona los objetos que aparecen más abajo con las ocupaciones del cuadro.**

médico(a)
azafata
policía
pintor / pintora
abogado(a)
albañil
maestro(a)
cocinero(a)
mecánico(a)
granjero(a)

**a)** 

gzorgz/iStockphoto.com

______________________

**b)** 

Les Cunliffe/Dreamstime.com

______________________

**c)** 

Hemera/iStockphoto.com

______________________

d)

Sutichak/Dreamstime.com

e)

Ene/Dreamstime.com

f)

Ashley Cooper/Alamy/Fotoarena

g)

AlinaMD/iStockphoto.com

h)

shuchun ke/iStockphoto.com

i)

Flynt/Dreamstime.com

j)

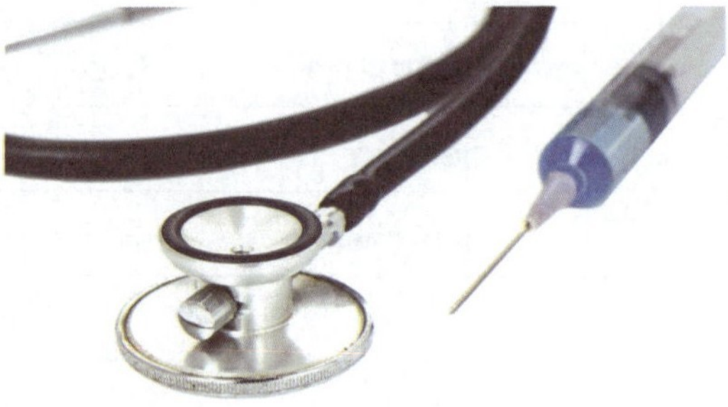

jeffy1139/iStockphoto.com

## EN EQUIPO

**1** **En pequeños grupos, elige cinco profesiones, busca informaciones acerca de ellas y escríbelas en tu cuaderno. Preséntale tu exposición a la clase. Puedes confeccionar y usar carteles. Sigue el guion a continuación.**

- nombre de la profesión;
- actividades realizadas;
- herramientas utilizadas para hacer el trabajo;
- nivel de estudio exigido.

CAPÍTULO 2

# ¡Lengua!

## Los heterotónicos

Son palabras con grafía y significado semejantes en portugués y en español, pero que tienen la pronunciación de la sílaba tónica diferente.

Mira una lista con algunos heterotónicos (la sílaba tónica de las palabras está en **negrita**):

| Portugués | Español | Portugués | Español |
|---|---|---|---|
| acade**mi**a | aca**de**mia | **mí**ope | **mio**pe |
| **ál**cool | alco**hol** | **ní**vel | ni**vel** |
| aler**gi**a | a**ler**gia | oxi**gê**nio | o**xí**geno |
| al**guém** | **al**guien | **pân**tano | pan**ta**no |
| atmos**fe**ra | at**mós**fera | parali**si**a | pa**rá**lisis |
| **cé**rebro | ce**re**bro | para**si**ta | pa**rá**sito |
| diploma**ci**a | diplo**ma**cia | po**lí**cia | poli**cí**a |
| e**lo**gio | e**lo**gio | perife**ri**a | peri**fe**ria |
| ga**ú**cho | **gau**cho | ru**bri**ca | **rú**brica |
| he**rói** | **hé**roe | sin**to**ma | **sín**toma |
| **í**mã | i**mán** | tele**fo**ne | te**lé**fono |
| me**trô** | **me**tro | | |

### ¡Practiquemos!

**1 Ahora circula la sílaba tónica de las palabras a continuación.**

a) academia
b) acrobacia
c) alguien
d) cerebro
e) diplomacia
f) elogio
g) epidemia
h) euforia
i) gaucho
j) hemorragia
k) magia
l) nostalgia
m) prototipo

# ¡Lengua!

## Los heterosemánticos

Son palabras o expresiones del otro idioma que pueden ser entendidas incorrectamente por ser muy similares a otras de la propia lengua.

De esa manera, los **heterosemánticos** son palabras muy semejantes en la grafía y en la pronunciación del portugués y del español, pero que poseen significados diferentes en cada lengua.

| Español | Portugués | Portugués | Español |
|---|---|---|---|
| mala | má | mala | maleta/valija |
| no | não | no | en el |
| niño | menino | ninho | nido |
| oso | urso | osso | hueso |
| oficina | escritório | oficina | taller |
| palco | camarote | palco | escenario |
| pronto | rápido/em seguida | pronto | listo |
| rato | momento, instante | rato | rata |
| salada | salgada | salada | ensalada |
| suceso | acontecimento | sucesso | éxito |
| tela | tecido, pano | tela | pantalla |
| tienda | loja | tenda | carpa |
| taller | oficina | talheres | cubiertos |
| raro | esquisito | raro | inusual |

## ¡Practiquemos!

**1 Completa el texto con los siguientes heterosemánticos. Si no sabes el significado de las palabras, búscalas en un diccionario.**

| | | | |
|---|---|---|---|
| cachorro | ratón | pendientes | lentillas |
| sitio | brincos | pelado | rato |
| finca | en cuanto | oso | trapo |

Ayer hubo un festejo muy original en la ________________ de mi tío Negro, que es el único

________________ de todos los hermanos Unzaga.

________________ empezaron a llegar al ________________ los invitados, el

tío Negro se presentó disfrazado de ________________ de jaguar. También había dos

________________, un cacique sioux, y hasta un ________________ Pérez, aquel que lleva unas moneditas a los niños que pierden sus dientes.

No faltó un pirata con sus ________________ redondos en la oreja izquierda. Y hasta había una

chica disfrazada de muñeca de ________________ con sus largos rulos rubios y ojos enormes,

con unas ________________ muy verdes.

Eduardo, el hijo menor del tío Negro, se había vestido de chimpancé, y no dejó de dar unos

________________ espectaculares, ni siquiera por un ________________. Al final, bailamos hasta la madrugada.

Javier Villanueva. *Crónicas de un verano en Catamarca.*
Disponible en: http://javiervillanuevaliteratura.blogspot.com/2011/05/. Acceso en: 03 jul. 2019.

**2** **Completa las frases con las palabras del cuadro.**

filo • ondas • oscuro • caballero • sueño

a) Es una persona muy simpática, todo un ________________.

b) Se tiñó el pelo de un color muy ________________.

c) No puedes vivir toda la vida pendiente de un ________________.

d) Para cortar ese tronco vas a tener que sacarle ________________ al hacha.

e) Las ________________ de la radio no llegan hasta la montaña.

**3** **Une las palabras equivalentes.**

| | |
|---|---|
| a) cuesta | ( ) consideração |
| b) padre | ( ) semelhante |
| c) respeto | ( ) ladeira, serra |
| d) prójimo | ( ) pai |

AUDIO 12

# A escuchar

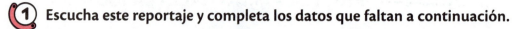

**1** **Escucha este reportaje y completa los datos que faltan a continuación.**

michaeljung/iStockphoto.com

| La proyección de crecimiento en los próximos 10 años de las siguientes profesiones: | |
|---|---|
| Diseñadores de videojuegos | |
| Consultor de placas solares | |
| Analista de datos | |
| Ingeniero de turbinas mecánicas | |
| Consultor de sostenibilidad | |
| Gerente de comunicación | |

**2** **Contesta las siguientes preguntas.**

**a)** ¿Alguna de las profesiones descritas es una de tus preferidas?

_______________________________________________

**b)** ¿Cuál de ellas no conocías?

_______________________________________________

**c)** ¿Conoces a alguien que trabaje con esas profesiones? ¿Con cuál de ellas?

_______________________________________________

_______________________________________________

# Atando cabos

## MUJERES Y MERCADO LABORAL, EL CAMINO HACIA LA IGUALDAD

Goodluz/Shutterstock.com

"El feminismo es la idea radical de que las mujeres son personas". Es una sentencia de la activista norteamericana Angela Davis. Una de esas frases que con pocas palabras dicen muchas cosas. Aunque las mujeres somos el 51 por ciento de la población, todavía somos víctimas de la precariedad laboral, de una brecha salarial injusta, responsables de unos cuidados que repercuten en nuestras carreras profesionales y que no tienen ningún valor social ni económico. Y aquí subyace gran parte del problema. Es una de las causas de la desigualdad laboral . Cuando esta situación cambie, habrá más corresponsabilidad entre hombres y mujeres.

En los últimos cinco años, el feminismo intergeneracional ha conseguido visibilizar determinadas cuestiones, como la violencia machista o el acoso en la calle que sufrimos las mujeres. Pero centrándonos en el mercado laboral, en los hogares el trabajo doméstico se reparte de manera equitativa hasta que llegan los hijos. Entonces este reparto se desequilibra y la participación de las mujeres en el mercado laboral baja. Más del 90 por ciento de los permisos o excedencias para cuidar de los hijos los piden ellas. Esta es, en muchos casos, la única solución para conciliar vida laboral y familiar.

"Igual trabajo, igual salario". Lo decía la Organización Internacional del Trabajo a principios del siglo XX. Y cien años más tarde, la brecha salarial existe. Una mujer tiene que trabajar 79 días más por término medio para cobrar lo mismo que un hombre. Para disfrutar de una pensión similar, ella tiene que trabajar once años más que él. ¿El motivo? El sueldo anual de la mujer es 7.000 euros inferior al de un hombre de media a pesar de desarrollar el mismo trabajo.

A menudo son tareas enmascaradas por los empresarios para que parezcan menos cualificadas. Y aquí aparece la brecha salarial. Una lacra que, sobre el papel, es ilegal. Mireia Mata dice que "falla la mirada de género en el despliegue legislativo. Se hacen leyes que dicen que somos iguales y que la discriminación no es posible. Pero si las aplican mayoritariamente hombres, la mirada igualitaria que tenía la redacción de la ley deja de existir.

No queremos que nos regalen nada. Queremos salir del mismo punto de partida que los hombres". Joana Agudo recuerda que "la brecha salarial es ilegal. El Estatuto de los Trabajadores protege para que no haya diferencia de remuneración para trabajos de igual valor. Pero la casa está llena de ilegalidades".

[...]

En el 2008, con la ley de la paridad, incorporaron a hombres. Actualmente, un 20 por ciento de la plantilla es masculina. "Las mujeres no vamos al mercado de trabajo porque queremos imitar a los hombres. Vamos porque queremos ser económicamente independientes y porque queremos ser personas con unas capacidades determinadas. Los hombres tienen que entender que el cuidado se tiene que compartir, tiene que ser mixto. Queremos que las mujeres hagan su carrera profesional y que los hombres entren más en el hogar". Y es que muchas mujeres no tienen acceso al mercado laboral. Ellas tienen una tasa de actividad diez puntos inferior a la de ellos.

Disponible en: https://www.lavanguardia.com/vida/20190314/461020519627/mujeres-mercado-laboral-igualdad-brecha-debate.html. Acceso en: 23 jul. 2019.

## ¡Practiquemos!

1. ¿De cuál tema trata el texto?

______________________________________________

______________________________________________

2. ¿Cuál es la brecha salarial que diferencia las labores femeninas de las masculinas en los trabajos? ¿Por qué?

______________________________________________

______________________________________________

______________________________________________

3. ¿Hay diferencias entre los sueldos de los hombres y de las mujeres que desempeñan las mismas funciones? ¿Cuánto es el porcentaje de esas diferencias?

______________________________________________

______________________________________________

______________________________________________

4. ¿Qué ha conseguido en los últimos cinco años el feminismo a favor de las mujeres?

______________________________________________

______________________________________________

______________________________________________

5. ¿Qué te parece cuando dicen que hay profesiones para hombres y profesiones para mujeres? ¿Estás de acuerdo? ¿Por qué?

______________________________________________

______________________________________________

______________________________________________

6. Charla con tus compañeros sobre lo que sabes del mercado de trabajo y lo que te parece que no está correcto y qué hacer para cambiar la situación.

Actividad oral

# AHORA TE TOCA A TI

**1 Relaciona las columnas a continuación.**

a) Necesito un ______________________ para el pelo.

b) No, prefiero comer un plato ______________________ en el restaurant.

c) ¿Quieres un ______________________ de jugo?

d) He pasado mis vacaciones en una ______________________ muy bonita.

e) Tengo que comprar una ______________________ para barrer la casa.

f) Me duele el ______________________, me ha dado tortícolis.

g) ______________________ llegaba la policía, los ladrones se escaparon.

h) Deme una ______________________ de café con leche, por favor.

( ) taza
( ) escoba
( ) vaso
( ) mientras
( ) finca
( ) cuello
( ) cepillo
( ) exquisito

**2 A continuación, marca la respuesta que mejor traduzca las palabras en negrita en el fragmento a seguir.**

> Juan estaba disfrazado de **cachorro** de **oso**; Rodrigo, de **ratón** Mickey; y Paula estaba vestida de gitana, con unos **pendientes** largos, **lentillas** azules y muchas pulseras. Armando, que iba de mono, no paraba de dar **brincos** [...]"

a) cachorro – urso – rato – penduricalho – lantejoulas – brinquedos.

b) filhote – com osso – orelhas de – brincos – lentes de contato – brinquedos.

c) cachorro – com osso – rato – penduricalho – lantejoulas – pulos.

d) cachorro – com osso – rato – brincos – lentes de contato – brinquedos.

e) filhote – urso – rato – brincos – lentes de contato – pulos.

**3** **Haz una ficha con cuatro opciones de carreras que te gustaría desarrollar, ¿A qué área pertenecen? ¿Exactas, Humanas o Biológicas? ¿Por qué te gustan?**

**a)** Carrera: ____________________

Área: ____________________

Me gusta porque: ____________________

**b)** Carrera: ____________________

Área: ____________________

Me gusta porque: ____________________

**c)** Carrera: ____________________

Área: ____________________

Me gusta porque: ____________________

**d)** Carrera:

Área: ____________________

Me gusta porque: ____________________

**4** **Completa las frases con las palabras del cuadro.**

| | | | |
|---|---|---|---|
| padres | padre | forma | fondo |
| respecto | respeto | hondo | horma |

**a)** Te lo juro desde lo más ____________ de mi corazón.

**b)** Es un problema que tendremos que estudiarlo a ____________.

**c)** Todavía no encontró la ____________ de su zapato.

**d)** El cuadrado no es la mejor ____________ para esa mesa.

**e)** No le perdonaron nunca la terrible falta de ____________.

**f)** Por favor, Pedro, mañana necesito hablar sin falta con tu ____________.

**g)** Vamos a conversar a solas a ____________ de la nueva situación.

**h)** Los ____________ franciscanos fundaron esas dos escuelas.

# ¡NO TE OLVIDES!

**Conjunciones**

- **Temporales**
  - mientras
  - tan luego
  - ni bien
  - apenas
- **Condicionales**
  - si
  - con tal de que
  - a no ser que
  - a menos que

**Profesiones**

- **Algunas profesiones que exigen estudio universitario**
  - ingeniero → abogado
  - psicólogo → científico
- **Algunas profesiones que exigen un curso técnico**
  - policía → carpintero
  - secretario → electricista
- **Algunas profesiones que requieren habilidad y práctica**
  - pescador → actor
  - granjero → atleta

## Vestimentas

### Ropa

- abrigo
- bikini
- chaqueta
- blusa
- chaleco
- pantalones
- bermuda
- bañador/malla
- suéter/pulóver
- falda/pollera
- jersey/pulóver
- calzoncillo
- pijama/piyama
- vestido

### Accesorios

- anillo
- cartera
- gafas
- bolso
- collar
- guantes
- pañuelo
- boina
- cinturón
- gorra
- bufanda
- corbata
- llavero
- paraguas

### Calzado

- chinelas
- botas
- tacones
- sapatos
- pantuflas
- sandalias
- zapatillas

| | | | |
|---|---|---|---|
| historiador | arquitecto | profesor | dentista |
| médico | veterinario | periodista | enfermero |
| piloto | mecánico | joyero | panadero |
| sastre | fotógrafo | soldado | peluquero |
| cocinero | pintor | jardinero | albañil |
| político | empresario | zapatero | bombero |

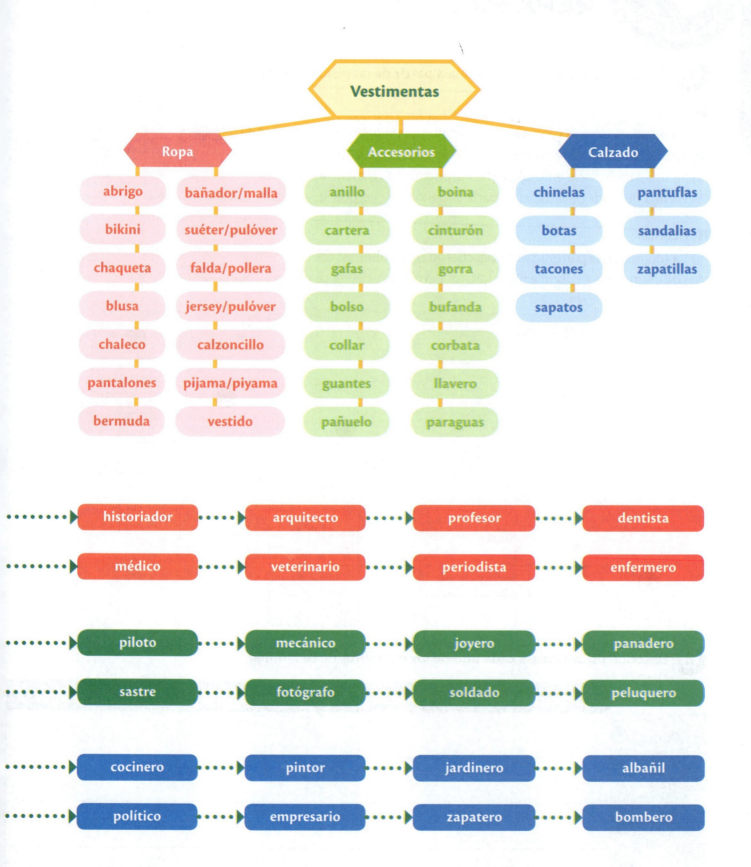

# REPASO

**1** **Completa el siguiente crucigrama a partir de las pistas que te damos.**

**Vertical**

1) Prenda para dormir, generalmente compuesta de pantalón y camiseta de tela ligera.
2) Se utilizan para cubrir las manos en las épocas de mucho frío.
3) Se usa para bañarse en la playa o en la piscina; hay masculinos y femeninos.
4) Prenda de vestir utilizada en la parte superior del cuerpo. Tiene botones, mangas y cuello.

**Horizontal**

5) La usamos en la parte superior del cuerpo para cubrirnos del frío.
6) Los usamos para cubrir la parte inferior del cuerpo; tiene dos piernas y puede ser usado por hombres y mujeres.

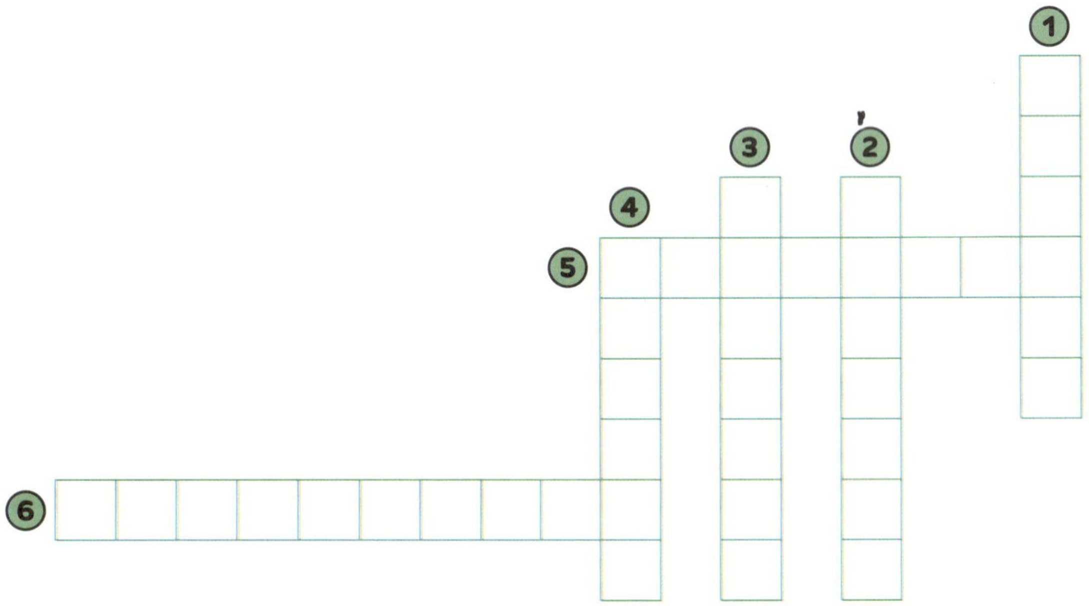


**2** **Describe físicamente a cada uno de los miembros de tu familia.**

| | Contextura física | Color de pelo | ¿Cómo lleva el pelo? | Color de ojos |
|---|---|---|---|---|
| **Padre** | | | | |
| **Madre** | | | | |
| **Hermano(a)** | | | | |
| **Hermano(a)** | | | | |

## 3 Une las opciones de la columna de la izquierda con su correspondiente en la columna de la derecha. ¿Quién usa estas ropas?

a) 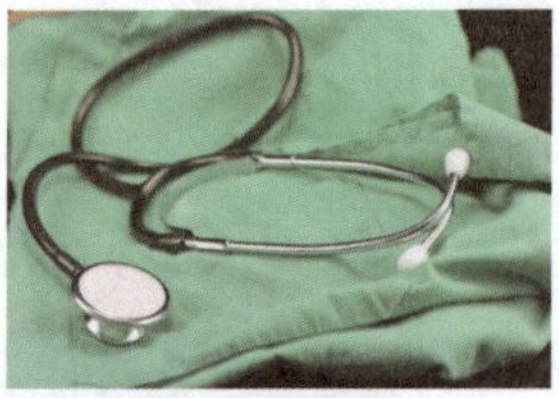
Robert Mænsker/Dreamstime.com

b) 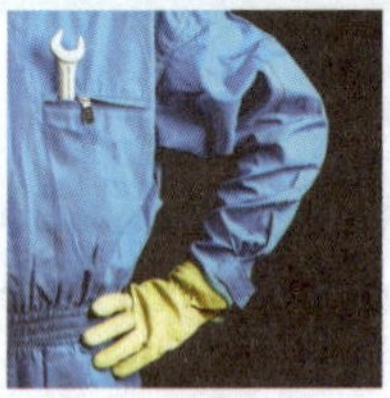
Jinga/Shutterstock.com

c) 
Chinaview/Shutterstock.com

d) 

Spirit of america/Shutterstock.com

e) 
German Bogomaz/Shutterstock.com

( ) cartero

( ) azafata

( ) médico

( ) bombero

( ) mecánico

## 4 Ayuda a estos estudiantes a encontrar su profesión ideal de acuerdo a sus gustos y su personalidad.

**a)** Marcos es amante de la tecnología, está siempre conectado en su computadora, le gustan los videojuegos en línea y la programación. ______________________.

**b)** A Luisa le gusta viajar, todos los años va con su familia a un país diferente; es muy comunicativa, conversa con todo el mundo y a su corta edad ya habla tres idiomas.

______________________.

**c)** Ismael está pendiente de todo lo que ocurre en su escuela; le gusta saber todo lo que está pasando e informarles a sus amigos sobre la situación; para todo tiene una pregunta, además le gusta leer y escribir. ______________________.

# DESAFÍO

## Universidade de Londrina (UEL / 2011)

**Leia o texto a seguir e responda às questões de 1 a 3.**

### ¿CÓMO ELEGIR UNA CARRERA?

Un año antes de salir de la preparatoria se nos pidió elegir una área en la que nos centraríamos (quizá) por el resto de nuestras vidas. Sin embargo, es una decisión demasiado importante, mientras más experiencia tengamos dentro del campo al que nos queramos dirigir, es más fácil que nos sintamos más de acuerdo con lo que hayamos escogido.

Antes de elegir una carrera debemos tener en cuenta todo alrededor de ella. Curiosamente es lo que menos se hace. Las nuevas generaciones están demandando carreras como Turismo, Gastronomía, Psicología y las clásicas: Medicina y Derecho.

¿Por qué no se tiene una orientación educativa apropiada?

Deberían existir programas de acercamiento de los alumnos a las universidades (no viceversa, las universidades están abiertas a los alumnos). Los jóvenes que próximamente entren a una licenciatura tienen que ver los siguientes aspectos:

- Satisfacción personal y económica de la carrera: La más importante, sin duda, pues una persona con aptitudes para las ciencias sociales ¿por qué estudiaría ciencias biológicas? El empleo y el desarrollo que se tenga después de estudiar es importante, para eso se necesita buscar en qué se puede trabajar.
- Elección de universidad: El desconocimiento de lo que nos ofrecen las distintas universidades (campos en los que son buenas) y el desinterés estudiantil son las principales causas de la deserción escolar. Las universidades públicas tienen actualmente un excelente nivel, son las mejores en el país en diferentes ámbitos. El examen de ingreso a ellas nos hace más competitivos, desde ahí se nos prepara para tener una educación y preparación privilegiada.
- Ambiente: Algo de lo que me di cuenta en mis primeros días de universitario (y que hubiera deseado saberlo antes) es que es primordial el desarrollo y la retroalimentación que se obtiene de los compañeros. Los estudiantes son tan importantes como los maestros.
- Plantel: Hay carreras que están en diferentes planteles de las universidades, pero hay otras que solo se ofrecen en un campus. En el caso de las divisiones de Humanidades se recomendaría elegir un plantel donde haya materias, maestros y compañeros afines a lo que uno busca. De esta forma se enriquece más el conocimiento adquirido dentro de la universidad.

¿Por qué es importante el tema? Bueno, es indispensable para todos los futuros universitarios tener en cuenta los aspectos mencionados, de esta manera nos dedicaremos por completo a la carrera de nuestra elección y los recursos públicos destinados a nuestra formación tendrán el final por todos deseado. También se reducirán muchas declinaciones y se evitará pérdida de tiempo.

¿Consecuencias? Mucho mejores estudiantes, profesionistas y satisfacción personal y tal vez un país mejor, ¿no lo crees?

Adaptado de: GUILLÉN MÁRQUEZ, Joaquín. ¿Cómo elegir una carrera?
Disponível em: <http://www.eluniversal.com.mx/notas/557349.html>. Acesso em: 7 ago. 2010.

**1** **Com base no texto, assinale a alternativa correta.**

**a)** A interação interpessoal influencia o número de vagas ociosas no contexto universitário.

**b)** Os melhores profissionais das novas gerações estudaram em instituições públicas.

**c)** A aproximação dos alunos às universidades aumentou a demanda pelos cursos de Medicina e Direito.

**d)** A escolha do curso universitário, apropriado a cada um, requer pesquisa prévia sobre o curso almejado.

**e)** O texto sugere que, antes de escolher o curso, devemos observar o número de demanda e de evasão dos cursos.

**2** **Segundo o texto, é correto afirmar:**

**a)** A satisfação pessoal e a profissional diminuem os casos de deserção escolar.

**b)** A satisfação econômica assegura, consequentemente, a realização profissional.

**c)** Os melhores alunos pertencem às novas gerações que cursam Turismo, Gastronomia e Psicologia.

**d)** A escolha da universidade reflete o tipo de avaliação acadêmica que se privilegia.

**e)** Os cursos universitários ofertados demandam professores de um único campus.

**3** **Marque a alternativa correta de acordo com o exposto no texto.**

**a)** As instituições de ensino superior proporcionam orientação vocacional para evitar profissionais insatisfeitos.

**b)** Os centros de Ciências Humanas sugerem que, para melhorar o desenvolvimento do conhecimento acadêmico, é importante que professores e alunos tenham boa interação.

**c)** A informação sobre a oferta e a demanda profissional influencia o desinteresse acadêmico por determinados cursos.

**d)** Os recursos públicos destinados à educação superior levam em consideração o número de evasão.

**e)** O curso universitário escolhido, além de definir a profissão, converte-se em uma importante parte da vida.

**4** **De acordo com o texto, sobre a escolha profissional, é correto afirmar:**

I. Escolher um curso universitário é uma tarefa que requer orientação e pesquisa para evitar insatisfação pessoal.

II. A orientação educacional é uma solução apresentada para o combate à evasão universitária.

III. As possibilidades de emprego e a infraestrutura das instituições privadas de ensino superior tornam os candidatos mais competitivos.

IV. Separar os cursos por campus é uma alternativa para otimizar o conhecimento dentro da universidade.

Assinale a alternativa correta.

**a)** Somente as afirmativas I e II são corretas.

**b)** Somente as afirmativas II e IV são corretas.

**c)** Somente as afirmativas III e IV são corretas.

**d)** Somente as afirmativas I, II e III são corretas.

**e)** Somente as afirmativas I, III e IV são corretas.

Disponível em: <www.cops.uel.br/vestibular/2011/provas/FASE2_E.PDF>. Acesso em: 2 ago. 2019.

UNIDAD 7

# FIESTAS TÍPICAS Y TRADICIONES

G. Evangelista/Opção Brasil Imagens

Pecold/Shutterstock.com

# EN ESTA UNIDAD

- Hablaremos sobre fiestas y tradiciones regionales.
- Estudiaremos el pretérito pluscuamperfecto de indicativo.
- Aprenderemos formas comunes de expresión cotidiana.
- Conoceremos las características de una historia de suspenso.
- Escribiremos una historia de suspenso.
- Conoceremos expresiones verbales.

**1** **Observa las imágenes y escribe el número correspondiente a cada fiesta a continuación.**

( ) Peñas Folklóricas, Salta.
( ) Festa junina de Caruaru.
( ) Bumba meu boi, São Luís.
( ) Las Fallas, Valencia.
( ) Procesión del Silencio, San Luis Potosí.

**2** **¿Conoces alguna de estas fiestas típicas?**

______________________________

______________________________

**3** **¿Qué otras fiestas típicas conoces?**

______________________________

______________________________

**4** **¿Cuáles son las fiestas típicas más importantes en Brasil?**

______________________________

______________________________

Julio Argumedo/Notimex/AFP

Gilles Barbier/ImageBROKER/Glow Images

Marco Antônio Sá/Pulsar Imagens

# ¡Prepárate!

**1** **¿Alguna vez fuiste a una fiesta de Halloween? ¿En tu escuela, ustedes festejan esa fecha? ¿Sabes cuál es el origen de esta fiesta? Y el día del Saci, ¿cuál es? Vamos a conocer las opiniones de Elba y Malena sobre este asunto. ¿Qué pasa en el diálogo?**

AUDIO 13

**Elba:** ¿Vas a la fiesta de Halloween, Malena?

**Malena:** No, no me gusta.

**Elba:** Yo sí voy. A mí me encanta el Halloween.

**Malena:** A mí me parece ridículo eso de festejar el día de las brujas. ¿Qué tiene que ver? ¡No somos norteamericanas!

**Elba:** Bueno, es solo para divertirse.

**Malena:** ¿Y no podríamos hacer el baile del Saci?

**Elba:** Pues ven disfrazada de Saci, ¿qué tiene de malo?

**Malena:** ¡Algo está mal! ¿Qué fiestas brasileñas conmemoras?

**Elba:** El Carnaval, por ejemplo.

**Malena:** Esta no es genuinamente brasileña, pero bueno. ¿Lo festejas o solo ves por televisión a las otras personas conmemorando?

**Elba:** La verdad es que aprovechamos para ir a la playa con mis padres. Pero, cuando éramos chiquitas, había un baile de carnaval en la escuela, ¿te acuerdas?

**Malena:** Sí, y lo mismo pasó con las fiestas *juninas*. Solo cuando éramos chiquitas. No entiendo por qué no siguen fomentando las tradiciones.

**Elba:** La familia de mi madre es toda de Pernambuco. Allá las fiestas *juninas* son muy festejadas. Esa es la fiesta más importante del año para ellos. Mucho más importante que el Carnaval.

**Malena:** ¿Sabes que en México festejan el Día de los Muertos con fiestas?

**Elba:** ¡Qué raro! Cómo son diferentes las costumbres en los distintos lugares. Y volviendo al tema de la fiesta, ¿vas disfrazada de Saci o no?

**Malena:** Voy a pensarlo mejor y mañana te digo.

**Elba:** Espero tu respuesta. Yo voy como bruja con todos los detalles: sombrero, verruga en la nariz, escoba y BUUUAAAH!

**Malena:** ¡Ay, qué susto, loca!

**Elba:** ¿Viste cómo va a ser divertido? ¡Vamos!

João P. Mazzoco

**a)** ¿A Elba y a Malena les gusta la fiesta de Halloween?

**b)** ¿Qué sugiere Malena que se haga en lugar del Halloween?

______________________________________________

**c)** ¿Qué fiestas brasileñas son citadas en el diálogo?

______________________________________________

**d)** ¿Adónde y cómo se conmemora el Día de los Muertos?

______________________________________________

**2** **Conoce una de las tradiciones más famosas de México: Fiesta de la Guelaguetza. Después, discute con tus compañeros y tu profesor sobre esta fiesta.**

*Guelaguetza* es una palabra de origen zapoteca que significa: regalo u ofrenda mutua. Esta costumbre, de regalar, se ha practicado desde tiempos ancestrales como símbolo y forma de participar en la sociedad.
Esta ofrenda o regalo forma parte hoy en día de otra gran fiesta oaxaqueña: Los Lunes del Cerro.
El origen de esta celebración se ha vinculado con los ritos prehispánicos dedicados a Centeótl, diosa del maíz. [...]
La fiesta comienza en el Auditorio con un desfile de chirimías, marmotas, gigantes y cabezudos precediendo a la mujer modesta de Oaxaca (la de los mercados, la china oaxaqueña) y su expresión musical más representativa: el Jarabe del Valle.
Sigue luego la sucesión de representantes regionales, con sus trajes típicos y danzas populares. Al finalizar cada danza, cada delegación arroja al público presente sus productos.
Los bailes concluyen con la Danza de la Pluma, en la cual se representa la lucha del indígena contra el conquistador español.
Al finalizar totalmente el acto central, los espectadores suelen disfrutar de las especialidades que ofrecen los diferentes puestos ambulantes (como ser alegrías, pepitorias, cocadas, turrones, y otros).
Por la noche, en el Auditorio, se representa ante el público el mito de la fundación de Oaxaca: la leyenda de la princesa zapoteca Donají.
Cuenta la leyenda que Donají fue dada como rehén a los mixtecas como forma de preservar la paz entre ambas comunidades. Pero la princesa zapoteca prefiere perder la vida y a su amado, el príncipe mixteco Nucano, antes que traicionar a su pueblo. Ella ayuda a los zapotecas a realizar un ataque para liberarla, pero son vencidos por los mixtecos. Sus captores, en represalia, la decapitan. Nucano, su enamorado, es quién le da sepultura. Dice también la leyenda que, a pesar del tiempo transcurrido, Donají no ha perdido su belleza y que la sigue manteniendo en la tumba donde reposa junto a Nucano, en la nave mayor del templo de Cuilapan de Guerrero.

Hugo Alberto Velasco/Notimex/AFP

Fiesta de Guelaguetza. Oaxaca, México, 2013.

Disponible en: www.elportaldemexico.com/cultura/fiestaspopulares/juliolaguelaguetza.htm. Acceso en: 30 jun. 2019.

# ¡Lengua!

## Pretérito pluscuamperfecto de indicativo

**Fíjate:**

- Aunque algunos ya lo **habían hecho**, quedan otros muchos que han aguantado valientemente hasta el final.

Usamos el pretérito pluscuamperfecto de indicativo cuando hablamos de una acción que ocurrió y terminó antes que otra acción pasada. Ejemplos:

- Yo ya **había juntado** los libros cuando llegaste.
- Tú ya **habías cenado** antes de que yo volviera.
- Él ya me **había avisado** que estabas acá desde temprano.
- No **habíamos terminado** el trabajo cuando viniste.
- ¿Ya **habíais llegado** cuando volví a casa?
- Uds. no **habían salido** todavía y él ya estaba trabajando.
- Lo formamos así:

| Pronombre | Verbo haber en el pretérito imperfecto de indicativo | Verbo en participio pasado |
|---|---|---|
| Yo | había | cenado |
| Tú/vos | habías | partido |
| Él/ella/usted | había | comido |
| Nosotros(as) | habíamos | vestido |
| Vosotros(as) | habíais | salido |
| Ellos/ellas/ustedes | habían | llamado |

## ¡Practiquemos!

**1** **Conjuga los verbos en el pretérito pluscuamperfecto de indicativo.**

**a)** Los hombres todavía no ____________________ de casa cuando empezó a llover. (salir)

**b)** Cuando llegué a mi casa, ella ya ____________________ de cenar. (terminar)

**c)** Cuando trajeron el postre, ya nos ____________________ a acostar. (ir)

**d)** Cuando conocimos a Gabriel, él ya se ____________________ a San Juan. (mudado)

**e)** Yo creía que ellos ya se ____________________. (casar)

## 2 Completa con los verbos que están en el cuadro.

habían dormido • habían corrido • habíais hablado

**a)** Ellos dijeron que ____________________ esa tarde.

**b)** La directora reclamó que ____________________ demasiado.

**c)** Los chicos se quejaron que ____________________ poco.

La clase acabó. Llegué a la escuela.
Cuando llegué a la escuela, la clase **había acabado**.

## 3 Une las dos frases según el ejemplo y practica los usos del pretérito pluscuamperfecto.

**a)** El avión se fue. Llegamos al aeropuerto.

____________________________________________

**b)** Cerraron las tiendas. Pepe quiso comprar comida.

____________________________________________

**c)** Cené. Cristina me llamó.

____________________________________________

## 4 Conjuga los verbos en pretérito pluscuamperfecto.

| | Cantar | Volver | Vivir |
|---|---|---|---|
| Yo | | | |
| Tú/vos | | | |
| Él/ella/usted | | | |
| Nosotros(as) | | | |
| Vosotros(as) | | | |
| Ellos/ellas/ustedes | | | |

## ¡Practiquemos!

**1** **Lee la historia y responde las preguntas.**

### ÉRASE UNA VEZ UN TORO Y UN TIGRE

Cuenta Villanueva que había pasado el Tío Toro, con sus más de 600 kg de músculo y fuerza – y de muy poca inteligencia, dígase de paso – cuando de pronto encuentra en una curva del camino un atado de troncos y lianas, y desde el fondo de esa trampa, el rugido del feroz jaguar, conocido en Brasil como Onza y, en América Central, como el Tío Tigre:

– ¡Sáqueme de aquí, amigo Toro, por favor. Solo Ud. con toda su fuerza me puede ayudar!

Sin pensarlo dos veces, relata Villanueva, el noble Toro había estirado sus músculos; había agachado la cabezota y puesto sus cuernos debajo del primer tronco, arrojándolo lejos del montón. Había ido usando así sus cuernos, tronco por tronco, hasta llegar a las lianas y cortarlas y dejar a la Onza libre de sus ataduras.

Pero, cuenta Villanueva que, apenas el Tigre se había sentido libre de la última atadura, de un salto se puso frente al Toro y le dijo:

– ¡Y ahora, te voy a comer!

Y el Toro, sorprendido por la mala fe de la Onza a la que había salvado, ahora toda colmillos y garras, le dice:

– ¡Pero, qué es eso! ¿Qué haces, desagradecido? ¿Así se agradecen los favores?

Y sigue la historia contando que el Tigre, con toda la seriedad de su naturaleza de onza, le había contestado:

– Por supuesto, para mí tú eres nada más que un enorme pedazo de bifes. ¡Ven, que te voy a comer ahorita no más!

– No, no, de ningún modo, esto no se hace. Si yo te salvo, tú vas a agradecérmelo, y nunca jamás pensar en comerme – le había contestado el Toro.

Dominio popular.

**a)** ¿Conoces alguna historia de suspenso?

_______________________________________________

_______________________________________________

**b)** ¿Cuáles son los elementos de una historia de suspenso?

_______________________________________________

_______________________________________________

**c)** ¿Qué te da más miedo en las historias? ¿Las palabras o la forma de los textos?

______________________________________________

**d)** ¿Cuándo sientes más miedo? ¿Viendo películas o leyendo libros de terror? ¿Por qué?

______________________________________________

**e)** ¿Te acuerdas de alguna historia que leías cuando eras niño y te daba miedo? ¿Probaste leerla de nuevo ahora?

______________________________________________

**f)** ¿Sentiste algún miedo al leer el texto? ¿Por qué?

______________________________________________

# ¡Lengua!

## Formas comunes de expresión cotidiana

Enriquecen el lenguaje y pueden ser muy útiles en narraciones y otros textos.

**Expresiones verbales**

a) **Estar + gerundio**

- **Estoy preparando** una comida.
- **Estábamos escribiendo** un texto complicado.

b) **Ir + gerundio**

- **Voy conociendo** mejor a la gente.
- Los albañiles **van levantando** el edificio sin demoras.

c) **Venir + gerundio**

- **Vengo sabiendo** cada día más sobre ese tema.
- **Venimos enterándonos** mejor de la situación.

d) **Andar + gerundio**

- **Andan diciendo** por ahí que no estudias lo suficiente.
- **Andamos pensando** en viajar a fin de año.

e) **Comenzar a + verbo en infinitivo**

- Marta **comenzó a llorar** de pronto.
- A la tarde, de repente **comenzó a llover** muy fuerte.

f) **Echarse a + verbo en infinitivo**

- Marcos **se echó a correr** como un loco.

g) **Romper a + verbo en infinitivo**

- El niño **rompió a llorar** desesperado.

h) **Ponerse a + verbo en infinitivo**

- Jorge **se puso a discutir** sin ningún motivo.

João P. Mazzoco

## ¡Practiquemos!

**1** **Completa los espacios en blanco usando las expresiones del cuadro. En algunos casos, hay varias opciones correctas, solo fíjate si el verbo que viene después de la expresión está en infinitivo o gerundio.**

comenzó a gritarle • voy contándote • estamos haciendo
vengo convenciéndome • e pusieron a cantar • anda diciendo

a) Carlota y Juan Carlos ______________________ en el medio del centro comercial como locos.
b) Vamos a pie hoy y no en autobús, así ______________________ lo que hice el fin de semana.
c) ______________________ (nosotros) lo posible para resolver la falla y volver a atenderles.
d) María Alejandra ______________________ que sufre *bullying* de todos sus compañeros, ¿eso es cierto?
e) Con todos estos atrasos, ______________________ (yo) de que es mejor viajar en carro que en avión.
f) Marcia no estaba de acuerdo con el resultado de la prueba y entonces ______________________ al profesor, una actitud lamentable.

**2** **Vamos a charlar un poco. Reúnete con tus compañeros y copia en tu cuaderno todas las expresiones verbales estudiadas en esta unidad.**

# Bolígrafo en mano

**1** **¿Vamos a escribir una historia de suspenso? Mira las sugerencias a continuación y ¡manos a la obra!**

**Instrucciones**

Existen cuatro elementos fundamentales para contar una historia:

**Argumento**

Es aquello de lo que trata la obra, el asunto, el resumen de la historia en un orden cronológico de los hechos (a veces no es lo mismo que el orden en que se cuenta). Es lo primero que hemos de tener claro para construir una narración y responde a las preguntas: "¿De qué va? ¿Qué es lo que cuenta?".

Reljic Aleksandra/Shutterstock.com

**Trama**

Es el argumento en el orden en el que aparece narrado. Es la que impone la forma que ha de tener la estructura.

**Estructura**

Es el esqueleto, la trama en su forma física (cuantas partes etc.). Es el mapa físico de una trama.

**Suspenso**

Es la forma y el tipo de información que se ofrece a lo largo de la estructura para mantener la atención del lector. Preguntas como "¿Superará este personaje su mala racha?", "¿Sobrevivirá?" etc. pueden funcionar muy bien como eje del suspenso. Lo importante es detectar el foco de tensión que queremos explotar y hacerlo.

¡Ahora te toca a ti! Escribe tu historia de suspenso en tu cuaderno. Pero antes, usa este espacio como borrador.

João P. Mazzoco

AUDIO 14

# A escuchar

Actividad oral

1. **Antes de oír el diálogo, responde las siguientes preguntas: ¿Te gusta jugar con tus amigos? ¿Jugaste alguna vez al "Personaje misterioso"? Vamos a ver cómo juegan estos amigos.**

2. **Escucha y contesta las preguntas.**

a) ¿Cuántos amigos están jugando?

_______________________________________________

_______________________________________________

b) ¿Todos conocen el juego? ¿Quiénes no lo conocen?

_______________________________________________

_______________________________________________

c) ¿A quién le toca ser el primero a jugar?

_______________________________________________

_______________________________________________

d) ¿Cómo son las reglas del juego?

_______________________________________________

_______________________________________________

_______________________________________________

_______________________________________________

**e)** ¿Cuántas preguntas son necesarias para que el primer jugador adivine el personaje descrito?

**f)** ¿Quién será la siguiente a adivinar el próximo personaje?

## ¡A jugar!

**1** **Agréguense en grupos y jueguen al "Personaje misterioso".**

Marcos Guilherme

**Jugadores:** 2 o más personas.

**Objetivo:** descubrir el nombre de un personaje.

**Reglas**

Cada persona escribe en un pedazo de papel el nombre de un personaje, que puede ser o no real. Los pedazos de papel son puestos juntos con los nombres hacia abajo. Cada participante elige uno de los papeles y lo pega en su propia frente, sin ver el nombre del personaje.

Para adivinar su personaje, cada participante hará preguntas a los demás, cuyas respuestas serán solo "sí" o "no", como:

- ¿Mi personaje es blanco?

Cada jugador hará preguntas hasta que logre descubrir su propia identidad.

**2** **Elije dos de los personajes adivinados a partir de las preguntas que se hicieron y descríbelos en tu cuaderno.**

## ¡Practiquemos!

**1** **Busca en la sopa de letras los participios de los siguientes verbos:**

abrir • caminar • contar • estar • pedir • salir
terminar • empezar • parar

| | | | | | | | | | | | | | | |
|---|---|---|---|---|---|---|---|---|---|---|---|---|---|---|
| P | A | Y | U | T | R | O | S | C | O | N | T | A | D | O |
| A | H | I | G | U | E | R | W | S | X | A | S | Y | O | P |
| R | E | O | P | E | D | I | D | O | T | R | I | M | P | A |
| A | B | U | E | N | H | J | O | P | O | R | T | A | S | A |
| D | I | E | T | A | O | G | U | E | R | U | I | B | E | S |
| O | Y | O | T | D | R | C | V | U | I | E | G | I | H | C |
| J | U | X | I | C | B | E | R | T | I | O | F | E | S | A |
| P | U | L | O | E | T | E | R | E | T | O | D | R | I | M |
| C | A | Z | I | S | R | E | M | N | J | O | I | T | E | I |
| S | E | L | O | T | U | N | G | P | D | E | Z | O | D | N |
| Y | U | N | Q | A | Ñ | I | P | G | E | Ñ | A | M | O | A |
| X | C | Z | A | D | I | L | E | S | Y | Z | O | L | A | D |
| A | S | T | E | O | H | Y | U | L | A | C | A | L | L | O |
| R | T | F | E | R | R | O | Y | U | N | T | A | D | R | I |
| T | E | R | M | I | N | A | D | O | H | U | Y | I | O | M |

**2** **Arma cuatro preguntas con esos verbos en el pretérito pluscuamperfecto de indicativo.**

**3** **Ahora, practica con tu compañero tus preguntas y anota las respuestas abajo.**

## Atando cabos

https://blogs.elpais.com/periscopio-chilango/2012/09/gu%C3%ADa-b%C3%A1sica-para-no-perderse-en-el-grito-mexicano.html

# Guía básica para no perderse en el Grito mexicano

**La noche del 15 de septiembre, México se convierte en una enorme fiesta teñida de verde, blanco y rojo. Hace 202 años que el país inició su camino a la independencia de los españoles y esta tradición que condensa toda la mexicanidad. [...]**

**El mes patrio**

[...] En México, septiembre se ha declarado mes patrio. Para crear ambiente, las tiendas, bares, edificios oficiales y plazas públicas se visten con adornos de la "tri", la bandera tricolor. [...]

**Miguel Hidalgo**

Este sacerdote no sabía las consecuencias que tendría la llamada a la insurgencia que realizó un día de septiembre de 1810 en la localidad de Dolores, en el Estado de Guanajuato. En el comienzo no se hablaba de Independencia, pero el levantamiento derivó en una guerra que supuso la separación del país del imperio español. El acta de independencia de México se firmó en 1821.

El retrato del cura Hidalgo, con sus pobladas cejas y su particular combinación de calva y melena larga, está grabado en la memoria de los mexicanos y estos días puede verse en banderolas junto al resto de "los héroes que nos dieron patria", como dice el Grito actual.[...]

**Las 23:00 horas**

A esa hora comienzan los 10 minutos más esperados del año. En una secuencia perfectamente planificada, marcada por el protocolo, [...] los representantes de los distintos niveles del Gobierno – jefes de las delegaciones, presidentes municipales, gobernadores de los Estados y presidente de la República, así como los embajadores en las legaciones en el extranjero – se disponen a lanzar EL GRITO. El Zócalo de Ciudad de México es el lugar más concurrido, pero cualquier plaza vale para montar la fiesta. En la representación entran en juego una bandera, una campana y el himno nacional, pero lo importante son esos diez "vivas" a los que los mexicanos responden como una letanía desde cualquier punto del país:

¡Mexicanos!
¡Vivan los héroes que nos dieron patria!
¡Viva Hidalgo!
¡Viva Morelos!
¡Viva Josefa Ortiz de Domínguez!
¡Viva Allende!
¡Vivan Aldama y Matamoros!
¡Viva la independencia nacional!
¡Viva México! ¡Viva México! ¡Viva México![...]

Travelwide/Alamy/Fotoarena

Disponible en: https://blogs.elpais.com/periscopio-chilango/2012/09/gu%C3%ADa-b%C3%A1sica-para-no-perderse-en-el-grito-mexicano.html. Acceso en: 30 jun. 2019.

# AHORA TE TOCA A TI

**1 Conjuga los verbos en el pretérito pluscuamperfecto de indicativo.**

a) Nosotros ______________________ estar cuando llegó el director, pero se nos hizo muy tarde. (querer)

b) Alfredo me dijo que te ______________________ por teléfono antes de encontrarse con nosotros. (llamar)

c) Nunca ______________________ tanta comida en la mesa, por eso cambió de idea y se quedó. (ver)

d) No ______________________ la ocasión de viajar hacía años, por eso es que no teníamos valijas adecuadas. (tener)

e) Aún no ______________________ de almorzar cuando llamaron a papá desde su trabajo. (terminar)

f) Me dijo que ya ______________________ la noticia cuando le avisamos. (oír)

g) Creí que ______________________ para quedaros, por eso traje dos pizzas más. (venir)

**2 Arma las frases y cópialas enseguida.**

a) Hernando había pedido

b) Todavía no había nacido Regina

c) Jamás habíamos escuchado hablar de ella

d) Ya habíamos oído contar muchas historias a respecto de él

- ( ) cuando nos llegó la noticia.
- ( ) que lo lleváramos a las cataratas, pero no pudimos.
- ( ) cuando lo conocimos personalmente.
- ( ) cuando fuimos a vivir a la casa nueva.

______________________________________________

______________________________________________

______________________________________________

______________________________________________

**3** **Busca en la sopa de letras las palabras de la caja relacionadas con celebraciones.**

feriado • celebración • tradición • folklore
desfile • danza • vestimenta • historia

| | | | | | | | | | | | | | | |
|---|---|---|---|---|---|---|---|---|---|---|---|---|---|---|
| P | R | O | A | L | I | V | I | E | R | T | K | P | Ñ | T |
| G | E | O | L | O | C | F | S | A | R | T | E | Y | G | R |
| B | L | I | N | D | R | E | E | I | O | P | A | F | I | A |
| A | T | R | A | C | T | Y | U | R | E | G | H | O | Y | D |
| Z | A | T | R | E | X | O | L | A | I | R | E | L | U | I |
| A | S | D | E | S | F | I | L | E | U | A | Ñ | K | I | C |
| P | R | E | R | T | E | U | I | N | T | O | D | L | X | I |
| C | A | N | T | E | R | G | C | N | Z | E | N | O | H | O |
| D | I | O | R | T | R | A | E | B | E | N | Y | R | O | N |
| A | X | Ñ | O | R | A | M | R | E | B | T | I | E | S | A |
| N | E | B | R | E | I | D | A | L | T | A | Z | I | L | I |
| Z | E | S | X | T | A | H | I | S | T | O | R | I | A | G |
| A | G | I | S | T | R | O | V | E | R | E | N | T | C | X |
| A | S | E | P | R | E | S | E | N | T | F | C | A | S | T |
| I | V | D | A | C | E | L | E | B | R | A | C | I | O | N |

**4** **Completa las frases con los verbos que están en el cuadro.**

habías hecho • habían perdido • habíamos ido
habíamos jugado • habíamos recibido

**a)** Después de que ______________________ al banco nos dimos cuenta de que ya era muy tarde.

**b)** Antes ______________________ los ejercicios muy rápido. A repetirlos.

**c)** ______________________ mucho cuando llegasteis.

**d)** Los niños estudiaron para el examen porque ______________________ muchas clases.

**e)** Cuando mandamos la carta ya ______________________ el pedido de compra.

UNIDAD

# 8

# LAS VACACIONES ESCOLARES

John Howard/Getty Images

Ableimages/Photodisc/Getty Images

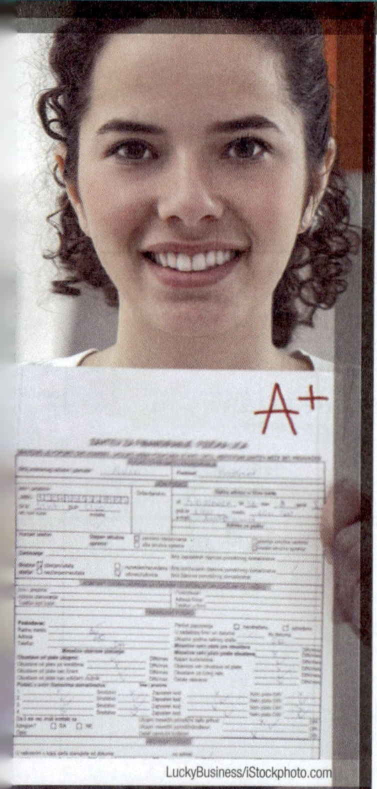

LuckyBusiness/iStockphoto.com

# EN ESTA UNIDAD

- Planearemos tareas y viajes.
- Estudiaremos los verbos impersonales o defectivos.
- Describiremos locales de vacaciones.
- Escribiremos un folleto turístico.
- Aprenderemos la acentuación de monosílabos.

**1 Entrevista a tus compañeros sobre los estudios.** Actividad oral

- ¿Cuántos días a la semana estudias en casa?
- ¿Cuántas horas por día estudias?
- ¿Tienes un lugar especial para estudiar?
- ¿Estudias solo o en grupo?
- ¿Tus padres te ayudan con los estudios?

**2 ¿Cuáles son tus técnicas para estudiar?** Actividad oral

**3 ¿Qué puedes hacer para ir bien en la escuela en el año lectivo?** Actividad oral

Purestock/iStockphoto.com

CAPÍTULO 1

# ||| ¡Prepárate! |||

**1** **¿Cómo está tu boletín escolar? ¿Conseguiste todas las notas o todavía necesitas mucha nota en alguna materia? ¿Qué haces cuando tienes dificultades en alguna asignatura? Y sobre la proximidad de las vacaciones, ¿ya has pensado sobre ellas? ¿Haces algo especial en las vacaciones o descansas en tu misma casa? Vamos a ver sobre qué están conversando Marina y Pedro. ¿Qué pasa en el diálogo?**

AUDIO 15

**Marina:** Octubre es mi mes preferido. Ya estoy segura de que estoy aprobada en todas las materias y ahora puedo empezar a planear mi visita a la casa de mis tíos en diciembre.

**Pedro:** Pues para mí octubre es un horror. Ya estoy seguro de que voy a tener que ir al refuerzo escolar en varias materias. Este año voy en 4.

**Marina:** ¿Pero por qué no te organizas antes? ¿Qué tienes, dificultad con los contenidos?

**Pedro:** Más o menos. Algunas materias no me gustan, tengo pereza de estudiar y entonces ese conjunto se transforma en una gran dificultad...

**Marina:** ¿No tienes miedo de ser reprobado?

**Pedro:** Tengo miedo, pero eso me paraliza. Y para colmo eso me hace quedarme en la escuela casi hasta la Navidad, y como mis padres solo pueden tener las vacaciones en diciembre, nunca podemos viajar por mi culpa.

**Marina:** Por Dios, Pedro, ¿no puedes cambiar esa situación? Yo paso todos los años el mes de diciembre con unos tíos que viven en la playa. Es un sueño: el sol, el mar, me encantan.

**Pedro:** A mí también me encantan, pero ¿qué puedo hacer si no me va bien en los estudios?

**Marina:** Te sugiero que cambies algo. Tienes por lo menos otros tres años de estudios obligatorios. Tienes que encontrar una solución.

**Pedro:** ¡Ya estás parecida a mi madre!

**Marina:** Bueno, no te molesto más, voy a planear mis vacaciones y tú planeas tu recuperación escolar. No hablo más.

**Pedro:** Marina, perdón...

João P. Mazzoco

**a)** ¿Quién está bien con las notas escolares? ¿Quién necesita refuerzo escolar y en cuántas materias?

b) ¿Cuáles son las consecuencias de ir mal en la escuela para Pedro?

c) ¿Al final Pedro se enoja con Marina? ¿Qué le dice y cuál es la reacción de Marina?

**2** **Lee los textos a continuación sobre planes para vacaciones y después responde las preguntas.**

**Islas Galápagos**

Las maravillas de las islas Galápagos cautivan al mundo una vez más. La [...] revista [...] Travel+Leisure reconoció a las "Encantadas" como las mejores islas en la categoría México, Centro y Sudamérica en la edición 2019 [...]. Los comentarios de los lectores de la revista [...] ubicaron al archipiélago como el destino favorito por su [...] vida silvestre y experiencias únicas a través de los cruceros navegables y algunas opciones de turismo terrestre.

Disponible en: https://www.turismo.gob.ec/galapagos-las-mejores-islas-de-centro-y-sudamerica-segun-travelleisure/. Acceso en: 18 jul. 2019.

stefaniaandreetto/iStockphoto.com

Jeremy Woodhouse/Radius Images/Getty Images

**México**

Acapulco es el destino playero que más fama le ha dado a México a nivel internacional, gracias a su bello entorno natural, su arena dorada, su clima tropical, sus aguas cálidas y su gente. Obviamente que el sitio es sumamente atractivo para quienes aman el mar, pero no sólo eso, pues cuenta con cosas interesantes que satisfacen todas las aficiones, y todas las edades. En La Quebrada, esa piedra saliente de 35 metros de altura a la orilla del mar, verás a los clavadistas caer hacia la noche iluminada por antorchas.

Disponible en: https://www.visitmexico.com/es/destinos-principales/guerrero/acapulco. Acceso en: 4 jul. 2019.

a) ¿De qué hablan los textos?

b) ¿Te gustaría pasar tus vacaciones en uno de estos dos lugares? ¿Por qué?

# ¡Lengua!

## Verbos impersonales o defectivos

**Fíjate:**

- El día empieza soleado, pero cuenta con una fuerte lluvia por la tarde, o **amanece** frío.

Los verbos de ese tipo son defectivos que solo se usan en la 3ª persona del singular y siempre con un sujeto indefinido.

La mayor parte de ellos se refiere a los fenómenos del tiempo y a las variaciones atmosféricas. Algunos verbos: **amanecer**, **anochecer**, **helar**, **garuar**, **granizar**, **llover**, **lloviznar**, **nevar**, **relampaguear**, **tronar**, **ventar**.

Y también están los verbos que se refieren al transcurso del tiempo, como:

**acontecer, ocurrir, pasar, suceder, convenir.**

Además del impersonal **parecer**. Ejemplo:

- **Parece** que mañana va a hacer mucho calor.

También se usa el verbo impersonal cuando la acción no se refiere a una persona concreta sino a un colectivo más difuso. Ejemplo:

- Es importante **terminar** ese trabajo rápido.

Hay también estos verbos impersonales: **se come**, **se dice**, **se cuenta**, **se comenta**, **se murmura**, **se observa**. En los últimos cuatro casos, siempre es seguido de **que**. Ejemplo:

- **Se comenta** que no habrá clases la semana que viene.

## ¡Practiquemos!

**1 Arma las frases.**

a) en Atacama / casi nunca / no llueve

______________________________

b) se come / muy bien / en este restaurante

______________________________

c) que va a llover / parece

______________________________

**2 Elabora frases en tu cuaderno usando los siguientes verbos.**

a) Soler

b) Suceder

c) Rechazar

d) Ocurrir

AUDIO 16

# A escuchar

**1** **¿Conoces las Cataratas del Iguazú o te gustaría conocerlas? Pedro y su familia van a conocer las cataratas en estas vacaciones y están visitando una agencia de turismo para saber qué paseos pueden hacer allá. Escucha dos propuestas que les hace la agente de turismo y contesta a las siguientes preguntas.**

Therbio Felipe/Iguassu By Bike

**a)** ¿Cuál es el medio de transporte de la primera opción turística?

- ◯ automóvil.
- ◯ barco.
- ◯ bicicleta.

**b)** ¿Todo el trayecto es hecho solo en bicicleta?

- ◯ sí.
- ◯ no.

**c)** ¿Cuántos kilómetros el turista recorre en esta primera opción?

- ◯ 11 km.
- ◯ 12 km.
- ◯ 10 km.

**d)** ¿Cuál es el precio de este paseo sin descuento?

- ◯ U$ 30.
- ◯ U$ 37,50.
- ◯ U$ 27,50.

**e)** ¿La segunda opción también lleva a los turistas en bicicleta?

- ◯ sí.
- ◯ no.

**f)** ¿Qué lugares visita el sobrevuelo?

- ◯ Cataratas del Iguazú.
- ◯ Represa de Itaipú.
- ◯ Parque de las Aves.

**2** **¿Hay alguna atracción turística en tu ciudad? ¿Cuál?**

Actividad oral

**3** **Observa el panfleto turístico de Sierra Nevada, estación de esquí localizada a 30 quilómetros de la ciudad de Granada (España).**

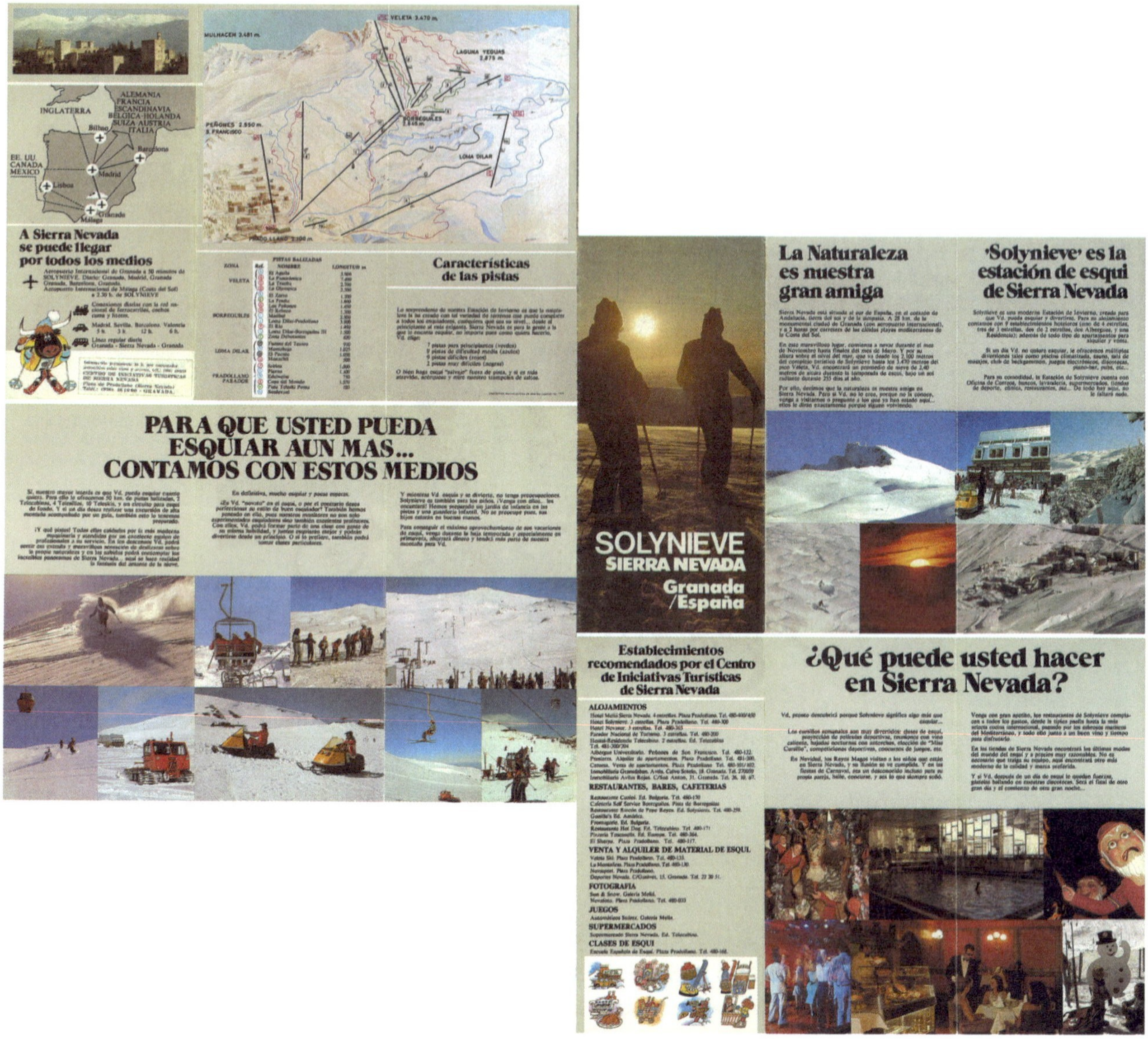


Sierra Nevada Turismo

- Después marca la tabla siguiente con **sí** o **no** conforme las informaciones contenidas en el panfleto.

| Informaciones | Sí | No |
|---|---|---|
| Mapa con la localización de Sierra Nevada | | |
| Platos típicos de la región | | |
| Fotografías | | |
| Número de turistas en cada mes del año | | |
| Características de las pistas | | |
| Cuidados que el turista debe tener para evitar accidentes | | |
| Establecimientos recomendados | | |

## 4 Lee el texto siguiente sobre un centro de esquí en Bariloche, Argentina.

### Cerro Catedral (Bariloche, Argentina)

Es el centro de esquí más grande del hemisferio sur (120 kilómetros de pistas distribuidas en una superficie de 600 hectáreas) y ofrece una amplia infraestructura de servicios para la práctica de deportes invernales.
Está abierto todo el año y cuenta con 34 medios de elevación (entre aerosillas, cabinas y medios de arrastre), facilitando el ascenso de 36 mil personas por hora.
Una vez en la cima podrás disfrutar de los hermosos paradores instalados en sus imponentes laderas, con vistas increíbles a los lagos Nahuel Huapi y Gutiérrez, la cordillera de los Andes, el cerro Tronador, y los cerros demás circundantes.
También hay alojamientos de todas las categorías, un amplio abanico de opciones gastronómicas y una gran variedad de locales comerciales. En invierno encontrarás todo lo necesario para la práctica de esquí y *snowboard:* desde alquileres de equipo hasta escuelas preparadas para enseñar en todos los niveles.
En verano podés practicar múltiples actividades de aventura para toda la familia, escalada, *trekking, mountain bike, rappel* y muchas más. Disfrutá de hermosas vistas, gastronomía y una área de ruedas sin motor. Además, podés conocer el Bike Park, en el cual familias y ciclistas avanzados descienden por ocho circuitos diferentes que se demarcan en el sector sur y centro de la montaña.

Disponible en: https://www.barilocheturismo.gob.ar/es/actividades-cerro-catedral. Acceso en: 5 jul. 2019.

- Ahora completa la tabla con informaciones sobre Cerro Catedral.

| Informaciones | |
|---|---|
| **Mayor centro de esquí del hemisferio .......** | |
| **Kilómetros** | |
| **Cantidad de medios de elevación** | |
| **Hectáreas** | |
| **Actividades de aventura** | |
| **Meses en que está abierto** | |
| **Lo que puede ser visto en la cima de Cerro Catedral** | |

# Bolígrafo en mano

**1** **¿Vamos a escribir un folleto turístico? Mira los consejos a continuación y ¡manos a la obra!**

La meta principal del folleto turístico es difundir información usando la menor cantidad de palabras posible.

**Instrucciones**

**¿Qué incluir en el folleto?**

- Escoge un propósito o tema para el folleto.
- Elige la información que irá en el folleto (solo las cosas fundamentales; un folleto es bastante pequeño).
- Sé conciso.
- Haz un listado con viñetas (es una forma simple de presentar la información).

**¿Cómo organizar el folleto?**

- Cada folleto debe tener un título o titular en la portada.
- Organiza la información en párrafos. Cada uno debe tratar un tema distinto (playas cercanas, fiestas populares, tradiciones).
- Pon un título o subtítulo que contenga la idea principal de cada párrafo.
- Recuerda que tienes que usar un lenguaje adecuado en las descripciones (frases cortas, verbos en 3ª persona de presente, adjetivos calificativos etc.).

**Concluida la redacción del folleto, revisa que:**

- contenga la información que quieres destacar y se comprenda fácilmente;
- esté organizado en pequeños párrafos con sus correspondientes títulos;
- la extensión sea corta (una o dos páginas son suficientes).

- Ahora escoge un destino turístico para escribir y haz un folleto referido a ese lugar en tu cuaderno.

Lorelyn Medina/Shutterstock.com

## ¡Practiquemos!

**1** **¿Vamos a conocer un poco más acerca de la cultura de otros países? Lee el texto a continuación y discútelo con tus compañeros.**

http://turismo.perfil.com/17147-la-hora-del-te-sigue-siendo-el-ritual-favorito-de-los-ingleses/

# La hora del té sigue siendo el ritual favorito de los ingleses

**Los británicos consumen 166 millones de tazas de té por día. En diversos puntos de Londres puede disfrutarse esta bebida de 400 años de historia.**

[...]

La infusión llegada de Oriente sigue siendo la preferida en todo el país y representa un ritual que se celebra tanto en las casas rurales como en las oficinas de la City.

Según un estudio de la asociación de voluntariado WRVS, cada día se consumen en el país 166 millones de tazas de té, frente a los 70 millones de tazas de café, según nos informa la agencia Sunny Travel News.

En promedio, cada británico toma 3,5 tazas de té por día. Pero existe, además, un "núcleo duro" de 14 millones de personas que se definen incluso "adictas". [...]

Ahora se la toma a cualquier hora del día y no solamente en los momentos "consagrados", como el desayuno y por la tarde. [...]

Durante la semana se prefieren las variedades más fuertes, en tanto en los fines de semana son sobre todo los tés de China, más livianos, los que dominan el panorama. [...]

El éxito del té, además, se puede admirar en todo su esplendor en una serie de lugares que hicieron la historia de Londres: desde el Goring Hotel de Belgravia, uno de los preferidos de la familia real para el té de las cinco, hasta el Wolseley, a pocos pasos del hotel Ritz. [...]

Disponible en: http://turismo.perfil.com/17147-la-hora-del-te-sigue-siendo-el-ritual-favorito-de-los-ingleses/. Acceso en: 2 jul. 2019.

**a)** El texto cita diversas cifras. Separa la menor y la mayor y di a qué se refieren.

______________________________________________

______________________________________________

______________________________________________

**b)** ¿Cuál es la bebida en Brasil que tiene el mismo éxito que el té en Inglaterra?

______________________________________________

## ¡Lengua!

### Acentuación de monosílabos

Las reglas de la gramática indican que las palabras de una sola sílaba no se acentúan gráficamente.

O sea, no llevan tilde; pero hay unas pocas excepciones. Son nueve monosílabos que sí se tildan para diferenciarlos mejor de otros, casi idénticos, pero con significados distintos. Son ellos:

**Él** – es un pronombre personal, diferente de **el**, artículo. Ejemplo:

- ¿Ya conversaste con **él**? Dile que lo espero en **el** coche.

té • dé • sí • sé • mí • él • tú • más • aún

**Sí** – es un pronombre personal o un adverbio de afirmación, diferente de **si**, conjunción condicional. Ejemplos:

- Claro, estoy seguro de que **sí** me lo dijo (adverbio de afirmación). **Si** no lo hubiera dicho, me acordaría bien (conjunción condicional).
- Se decía a **sí** mismo que no era nada serio (pronombre reflexivo).

**Sé** – es el presente de **saber**, o el imperativo de **ser**, diferente de **se**, pronombre personal. Ejemplo:

- Claro que lo **sé** muy bien (presente de saber). **Se** asustó con lo sucedido (pronombre personal).
- Sé más firme con él. **Sé** más decidido también (imperativo de **ser)**.
- **Té** – es la bebida. **Te** es un pronombre personal. Ejemplo:
- **Te** invito a casa mañana (pronombre personal). **¿Les** gusta tomar **té** por la tarde (bebida)?

**Dé** – es el subjuntivo del verbo **dar**. Y **de** es la preposición. Ejemplo:

- No quiero que me **dé** (subjuntivo) nada especial **de** regalo (preposición).
- **Tú** – es el pronombre personal, y **tu** es el pronombre posesivo. Ejemplo:
- **Tú** te quedas acá en casa (pronombre personal), haciendo **tu** trabajo (pronombre posesivo).

**Aún** – es adverbio de tiempo. mientras que **aun** es un adverbio de modo. Ejemplo:

- No llegaron **aún (**adverbio de tiempo). Sé que van a venir, **aun** estando tan atrasados (adverbio de modo).

**Más** – es adverbio de intensidad, y mas es una conjunción adversativa. Ejemplo:

- Cuanto **má**s (adverbio) trabajas, **más** ganas; **mas,** (conjunción) poco aprovechas.

**Mí** – es un pronombre personal, mientras **mi** es pronombre posesivo. Ejemplo:

- **Mi** horario de estudio es por la tarde (pronombre posesivo). A **mí** me gusta descansar un poco antes de estudiar (pronombre personal).

## ¡Practiquemos!

**1 Completa las frases con el monosílabo correspondiente, recuerda colocar la tilde cuando sea necesario.**

té/te • dé/de • sí/si • sé/se • mí/mi • él/el • tú/tu • más/mas • aún/aun

**a)** Si trabajara ____________, podría comprarme un auto, ____________ mi mamá no está de acuerdo.

**b)** La fiesta de ____________ amiga fue un éxito. La música fue elegida por ____________.

**c)** ____________ vi a la tarde tomando ____________ con tu hermano.

# La palabra del experto

### 8 *TIPS* PARA PLANEAR VACACIONES Y AHORRAR

[...]

**Antes de hacer la maleta**

Para iniciar las vacaciones con el pie derecho, toma en cuenta estos consejos:

1) Lo primero que debes saber es qué tipo de vacaciones quieres, si deseas algo para descansar, hacer turismo de aventura, etc. ya que en base a esto podrás determinar la duración del viaje y aproximar un costo total.
2) Una vez que has decidido el lugar, [...] infórmate acerca de sus atractivos, el promedio de sus precios y los servicios disponibles. [...]
3) Recuerda que el costo de transporte varía si viajas en automóvil propio, rentado, autobús o avión. [...]
4) Si ya tienes una idea general del costo aproximado, haz un plan para cada día con itinerarios. Para que esté completo, lo mejor es determinar lugares para visitar o actividades y costos. [...]
5) Uno de los mayores costos de viajar, después del transporte es el hospedaje, por lo que debes poner especial atención en este punto. Para elegir mejor, determina cuánto tiempo pasarás en el hotel, por ejemplo, si es solo para dormir y bañarte, puedes optar por algo cómodo pero económico. [...]
6) Otro rubro importante que casi nadie toma en cuenta (y donde hay más fugas de dinero), son los recuerdos o regalos para familiares y amigos, ya que, aunque sean pequeños gastos, acumulados pueden sumar grandes cantidades. [...]
7) Si tienes unas finanzas saludables, puedes aprovechar tu tarjeta de crédito para adquirir paquetes de alguna agencia, ya que este tipo de ofertas generalmente presentan buenos descuentos o pueden pagarse a meses sin intereses. [...]
8) Finalmente y una vez que hayas contemplado todas las variables, puedes recortar gastos al agregar actividades según el costo previsto. [...]

Disponible en: www.cnnexpansion.com/mi-dinero/2009/11/18/8-tips-para-planear-vacaciones-y-ahorrar. Acceso en: 2 jul. 2019.

# Atando cabos

## TULUM: MÁS QUE ARQUEOLOGÍA

Fue declarada Patrimonio de la Humanidad por la UNESCO, uno de los sitios imprescindibles en Tulum son sus ruinas mayas, situadas sobre un acantilado frente al mar Caribe; con cálidas noches estrelladas y aguas claras color turquesa se encuentra la única zona arqueológica que se asienta a la orilla del mar. Es el sitio más fotogénico de la región y, quizá, del país entero.

Bajo el acantilado se encuentra la playa del Paraíso, considerada como una de las mejores playas de la Riviera Maya, desde ella se organizan excursiones a la famosa Barrera de Coral Mesoamericana. Asimismo, La Reserva de la Biósfera Sian Ka'an mide medio millón de hectáreas y abarca todos los escenarios posibles: playas, arrecifes de coral, selva tropical, dunas y cenotes.

Vive una experiencia única en los Pueblos Mágicos de México, visita Tulum.

En el antiguo puerto amurallado de Tulum, que así funcionaba desde hace unos mil quinientos años y estaba aún habitado durante los primeros años de la llegada de los españoles, es hoy un parque nacional protegido. Este era uno de los puertos más dinámicos del mundo maya, que veía innumerables productos que entraban y salían desde sus muelles.

Ruinas de Tulum, México.

[...]

**Visita el templo de los frescos**

Contén el aire entre sus muros internos decorados con pinturas en tonos grises y azules que siguieron recibiendo las ofrendas de los pueblos vecinos que llegaban a agradar a los dioses del mar hasta principios del siglo XX.

**Date un tiempo para comer**

Hay muchos restaurantes pequeños que rodean el sitio donde puedes degustar los platillos elaborados a la antigua, utilizando productos del mar bañados con axiote, envueltos en hojas de plátano y sometidas a un proceso de horneado bajo tierra.

milosk50/Shutterstock.com

Templo del Dios de los Vientos, Tulum, México.

Ultima_Gaina/iStockphoto.com

El Castillo, Chichen Itza, México.

Disponível em: https://www.visitmexico.com/es/destinos-principales/quintana-roo/tulum e https://www.visitmexico.com/es/actividades-principales/quintana-roo/fascinate-en-la-zona-arqueologica-de-tulum. Acceso en: 5 jul. 2019.

## ¡Practiquemos!

**1** **¿Crees que Tulum es un destino apropiado para toda la familia? ¿Por qué?**

______________________________

______________________________

**2** **¿Qué fue lo que más te interesó de Tulum?**

______________________________

______________________________

**3** **¿Qué lugar turístico de tu país recomendarías para toda la familia? ¿Por qué escogiste ese lugar?**

______________________________

______________________________

______________________________

# Cultura en acción

## Los marcos y monumentos de México y Centroamérica hispanohablante

MÉXICO

Trópico de Cáncer

Golfo de México

GUATEMALA

MAR DE LAS ANTILLAS

OCÉANO PACÍFICO

### México

The Print Collector/Getty Images

Mujer representante de los lacandones, grupo indígena originario de los mayas. Chiapas.

### Guatemala

David Forman/agefotostock/Keystone Brasil

Mujeres guatemaltecas con trajes tradicionales mayas. Quetzaltenango.

J Marshall/Tribaleye Images/Alamy/Fotoarena

Hombres del grupo étnico ladino. Cotzal.

## España

Gallo Images/Getty Images

Bailarinas de flamenco. Ronda, Andalucía.

Robert Harding World Imagery/Getty Images

Castillo de la Mota, Valladolid.

## Guinea Ecuatorial

Ariel Schalit/AP/Glow Images

Monjas en la Catedral Nuestra Señora del Pilar. Bata.

Equatorial Guinea's Press

Representación de la danza Bonko. Malabo.

# AHORA TE TOCA A TI

**1** **Arma las frases.**

**a)** se vive / en Cartagena / muy bien

______________________________________________

**b)** del director / la llegada / se espera

______________________________________________

**c)** muy buen tiempo / hace / en la playa

______________________________________________

**d)** no nevó casi / este invierno / nada en Córdoba

______________________________________________

**e)** amanece y anochece / en Natal / muy temprano

______________________________________________

**2** **Busca en la sopa de letras la forma del gerundio de los verbos que están en el recuadro.**

tener • saber • jugar • partir • leer • caer • ir

| | | | | | | | | | | | | | | |
|---|---|---|---|---|---|---|---|---|---|---|---|---|---|---|
| A | S | A | B | I | E | N | D | O | E | O | L | I | W | Z |
| Y | R | F | O | J | L | U | N | P | D | F | E | J | U | B |
| E | B | S | T | E | N | I | E | N | D | O | Y | U | M | K |
| N | E | S | A | O | B | P | A | R | T | I | E | N | D | O |
| D | R | R | U | J | R | G | D | W | V | I | N | L | R | E |
| O | A | P | A | R | U | C | A | Y | E | N | D | O | R | S |
| U | R | N | D | J | V | E | S | Y | N | N | O | X | E | L |

**3** **Completa las frases con la forma conjugada de los verbos defectivos del cuadro en los tiempos y modos entre paréntesis.**

soler • atañer • concernir • acaecer • acontecer

**a)** ________________ decir que era un hombre muy importante. (pretérito imperfecto de indicativo)

**b)** ________________ la otra noche algo insólito. (pretérito perfecto simple de indicativo)

**c)** Esto es algo que no te ________________. (presente de indicativo)

**d)** Esto ________________ de una forma inesperada. (pretérito perfecto simple de indicativo)

**e)** Es algo que nos ________________ a todos. (presente de indicativo)

**4** **Lee el siguiente texto. Las palabras subrayadas son monosílabas y pueden ser acentuadas dependiendo de su función. Coloca la tilde en aquellas palabras subrayadas que lo necesiten.**

Verónica tuvo un pequeño percance con sus compañeros de apartamento, creyó que había pagado la cuenta *de* luz *de* este mes, *mas* cuando llegó a casa, no había luz.

– *Si*, la cortaron, qué extraño – pensó.

– ¡Verónica!

– ¡Hola, Roberto! Estás aquí, pensé que no había nadie *aun*, es temprano.

– Salí *mas* temprano del trabajo hoy. Oye, yo *se* que *tu* siempre pagas todas las cuentas al día, pero ¿será que cortaron la luz? Solo nosotros en todo *el* edificio estamos sin luz.

– Qué vergüenza, Roberto, pero creo que *si*. No entiendo cómo esto me pasó a *mi*, a *mi* que soy tan controladora.

– Tranquila, mujer, eso le pasa a cualquiera. Yo hablé con el conserje y *el* me dijo que apenas paguemos la cuenta, ellos restituyen el servicio, nada del otro mundo.

– ¡Uff, menos mal! Estaba preocupada de tener que pasar la noche a oscuras.

– No, no, nada *de* eso. Antes *de* que *se* fuera la luz yo preparé un *te* *de* manzanilla. ¿Quieres que *te* *de* un poco? Así *te* calmas.

– Ay, *si*, *te* lo agradezco mucho. Mira, ya pude pagar la cuenta *de* luz por la Internet del celular. Qué práctico. En cualquier momento seguro restituyen *el* servicio.

# ¡NO TE OLVIDES!

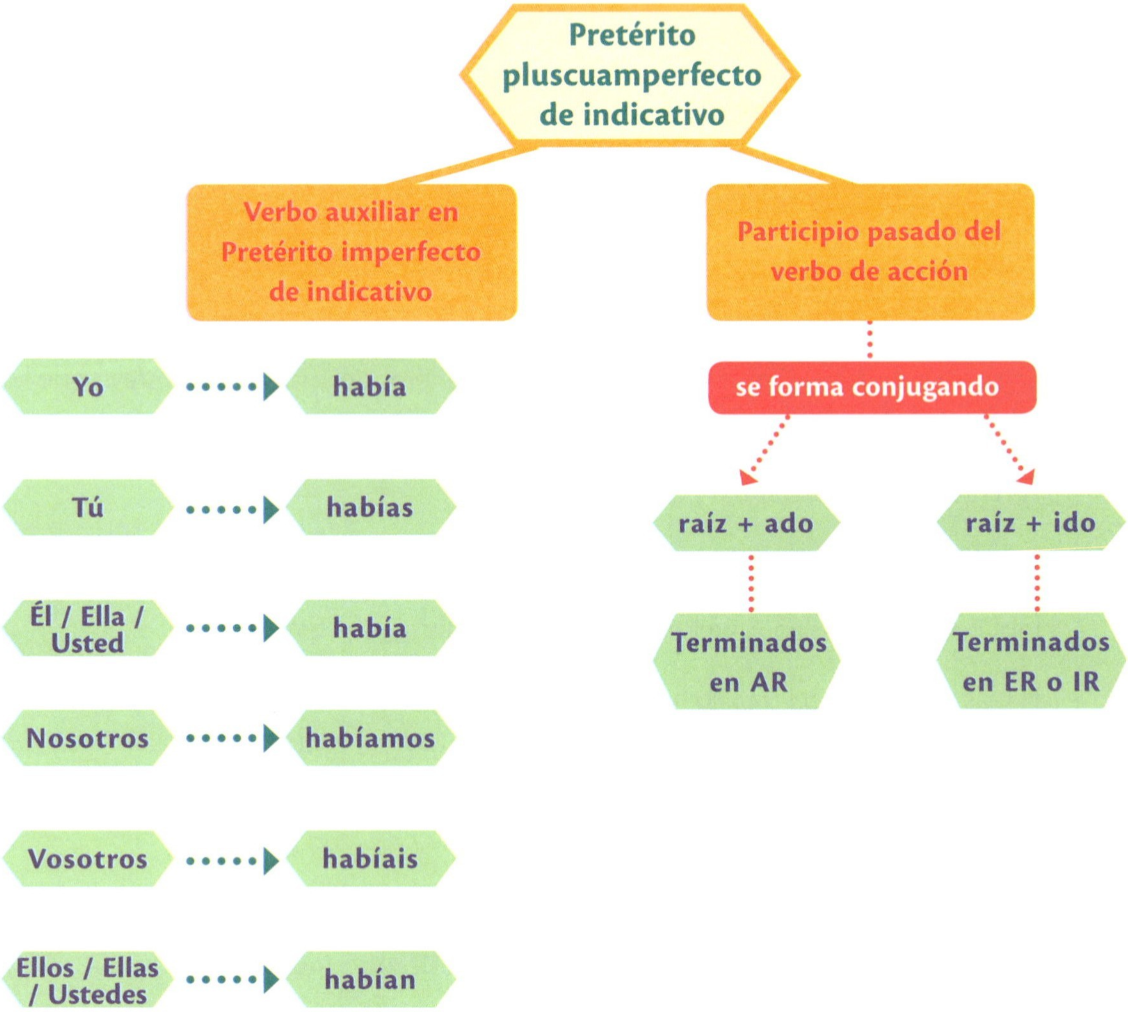

## Formas de expresión cotidianas

| | |
|---|---|
| comenzar a | estar |
| echarse a | ir |
| romper a | venir |
| ponerse a | andar |
| + | + |
| verbo en infinitivo | verbo en gerundio |

## Verbos impersonales

solo se usan en la 3ª persona del singular y siempre con un sujeto indefinido

| | | | | |
|---|---|---|---|---|
| amanecer | llover | lloviznar | ventar | suceder |
| anochecer | granizar | nevar | pasar | convenir |
| helar | garuar | tronar | ocurrir | parecer |

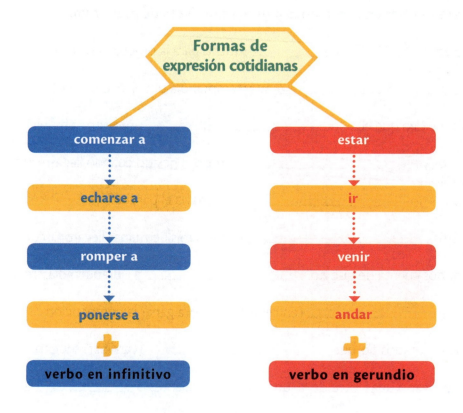

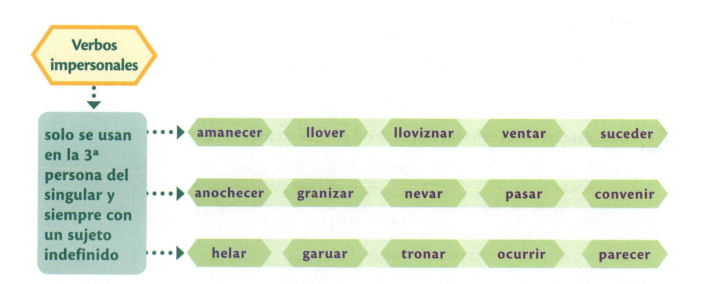

# REPASO

**1 Conjuga los verbos en el pretérito pluscuamperfecto de indicativo.**

**a)** Pedro ya ______________________ mucho para la prueba. (estudiar)

**b)** Ellos ______________________ muy temprano a trabajar. (empezar)

**c)** Marta me dijo que ella no ______________________ ese texto. (escribir)

**d)** Los niños ya ______________________ todo el helado cuando llegaste. (tomar)

**e)** ¿Vosotros no ______________________ todavía el parque? (ver)

**f)** Nosotros ______________________ cuando mis hermanas llegaron. (comer)

**g)** Nos dimos cuenta de que no ______________________ un buen día. (tener)

**h)** ______________________ (entrenar) duro para ganar la competición.

**i)** Estaban agotados porque ______________________ (caminar) mucho.

**j)** Han publicado unas fotos de la luna como nunca antes la ______________________ (ver).

**k)** Ignorábamos lo que ______________________ (hacer) cambiar de opinión.

**l)** No le ______________________ (decir) la verdad.

**m)** Nos dijeron que la película no les ______________________ (gustar) nada.

**n)** A pesar de que su primera película no ______________________ (tener) mucho éxito, él seguía decidido a triunfar.

**2 Completa las frases con los verbos adecuados que están en el cuadro.**

había lastimado • habías hecho • había cocinado • habían perdido • habíamos ido
habíamos salido • habíamos jugado • había esperado • habíamos recibido • habían salido

**a)** Nos quedamos en casa porque abuelito ______________________.

**b)** Cuando llegamos, Julieta ya nos ______________________ casi una hora.

**c)** Ella levantó las maletas porque yo me ______________________ la mano.

**d)** La oficinista me llamó después de que ya ____________________.

**e)** Nos dijo que ____________________ a la tarde.

**3** **Arma las frases.**

**a)** hay grandes fiestas / para los muertos / en México

____________________________________________

**b)** se exige / en este trabajo / mucho esmero

____________________________________________

**c)** insoportable / ¡pero qué calor / hizo ayer!

____________________________________________

**d)** no había / en la tienda / un único comprador

____________________________________________

**e)** no se puede / tolerante siempre / ser tan

____________________________________________

**4** **Completa las frases con el monosílabo correspondiente. Recuerda colocar la tilde cuando sea necesario.**

sí • él • se • aun • si aún • té • sé • el • te

**a)** Creemos que __________ es bueno hacerlo, __________ están todos bien preparados.

**b)** Mi tío es médico en __________ Hospital de Clínicas. __________ estudió en Curitiba.

**c)** Ya __________ que no es muy simple, pero si __________ lo pides, ella te lo explicará.

**d)** __________ no ha llegado a la fábrica, pero yo sé que, __________ estando resfriada, va a trabajar.

**e)** ¿ __________ dije que en Londres a las 5 de la tarde, puntualmente, es la hora del __________?

# DESAFÍO

## Universidade de Londrina (UEL/ 2012)

Leia o texto a seguir e responda às questões 1 e 2.

### LARGAN TODO, HARTOS DE LA CIUDAD

Las últimas lanchas con turistas dejaron de salir hace minutos. El sol ya está cayendo y cuando desaparece la luz natural los animales que habitan la laguna Iberá ocupan sus madrigueras. Desde el muelle, a metros del lago, se ve el atardecer y, el sonido del agua, golpeando la costa y los pajonales, se mezcla con el canto de algunos pájaros que vuelan bajito en busca de su nido.

Desde allí, con su uniforme de guardaparques, Mariana Richiarte dice todo en una frase: "Cuando estoy muy enojada o nerviosa miro la laguna y me siento en paz". Con esas palabras le resume a lanacion.com por qué eligió la tranquilidad del pequeño poblado Colonia Carlos Pellegrini, de unos 800 habitantes, ubicado a pocos metros del humedal, y decidió abandonar Ezpeleta, donde nació, se crió y aún viven sus familiares y amigos.

Los Esteros del Iberá constituyen una gran reserva de 1.300.000 hectáreas donde se encuentra el humedal de agua dulce más importante del país. En el Parque Nacional, de unas 500.000 hectáreas, se preservan más de 500 especies de animales vertebrados y más de 4.000 especies de plantas autóctonas. El visitante descubre un mundo natural que alberga yacarés, ñandúes, ciervos de los pantanos, carpinchos, boas y cientos de aves. Todo inmerso en paisajes de caminos llanos, ondulaciones de tierra colorada, lomadas arenosas o costas de esteros. "Lo decidí de un día para otro, un cambio rotundo. ¿Por qué? Pasé del ruido de los coches a vivir en este lugar", cuenta en pocas palabras.

Con serenidad, pero firmeza, Mariana aclara que su función y la de sus colegas, la mayoría hombres, no es sólo "de policía, como lo ven muchos". Ellos se sienten comunicadores, un nexo entre la naturaleza y la gente para resaltar la importancia de cuidar el medio ambiente. "Trabajamos por vocación, es un estilo de vida con ideales de conservar, para nosotros y las generaciones futuras. Me encantaría que mis hijos disfrutaran de este lugar como lo hago yo".

Adaptado de: DEMA, Verónica; GIAMBARTOLOMEI, Maurício. Disponível em: <http://www.lanacion.com.ar/1385752-largan-todohartosde-la-ciudad>. Acesso em: 30 jun. 2011.

**1 Com relação à decisão de Mariana Richiarte em deixar sua família e sua cidade, é correto afirmar:**

a) A intenção de criar seus filhos longe dos problemas urbanos motivou-a.

b) Há muito Mariana almejava uma oportunidade como essa.

c) Problemas de saúde causados pela umidade levaram-na a tomar essa decisão.

d) Ela quis seguir sua vocação e ter um estilo de vida próprio.

e) Foi uma decisão repentina, uma mudança drástica em sua vida.

## 2 Sobre o texto, é correto afirmar:

I. No Parque Nacional de Los Esteros del Iberá, a terra apresenta uma coloração avermelhada.
II. As planícies arenosas se estendem pelos caminhos sinuosos.
III. A fauna da região é mais volumosa que a flora.
IV. A paisagem é composta por margens alagadas.

Assinale a alternativa correta.

**a)** Somente as afirmativas I e IV são corretas.

**b)** Somente as afirmativas II e III são corretas.

**c)** Somente as afirmativas III e IV são corretas.

**d)** Somente as afirmativas I, II e III são corretas.

**e)** Somente as afirmativas I, II e IV são corretas.

Disponible en: <www.cops.uel.br/vestibular/2012/provas/VEST2012_FASE_2_ESP.pdf >. Acesso en: jul. 2014.

# Universidade Estadual de Londrina – UEL / 2013 – 2ª fase

## 3 Com base nos quadrinhos, assinale a alternativa correta.

**a)** A pulga fêmea discute com seu marido por terem se mudado da moradia anterior.

**b)** A pulga fêmea reclama dos conselhos que sua mãe lhe deu sobre seu casamento atual.

**c)** Gaturro escuta a conversa do casal sem entender o porquê da passividade da pulga macho.

**d)** Gaturro escuta as críticas e as lamentações da pulga fêmea sobre sua atual moradia.

**e)** Gaturro escuta uma discussão entre um casal de pulgas sobre a falta de moradias.

Disponible en: <www.cops.uel.br/vestibular/2013/provas/fase_2_1_DEF.pdf>. Acceso en: jul. 2014.

# GLOSARIO

## a

**Acantilado:** falésia, escarpado, penhasco.
**Acera:** calçada, passeio (público).
**Adaptable:** adaptável.
**Aderezo:** adereço; tempero.
**Ahorcar:** enforcar.
**Ahorrar:** poupar.
**Albañil:** pedreiro.
**Alegría:** alegria, júbilo, euforia. Doce mexicano feito com sementes de amaranto, mel e açúcar. Modalidade de canto andaluz.
**Alfiler:** alfinete.
**Apacible:** aprazível, agradável.
**Arreglar:** arrumar, consertar.
**Asado:** churrasco.

## b

**Bolsillo:** bolso.
**Bombilla:** lâmpada; bomba de chimarrão.
**Bufanda:** cachecol.

## c

**Cachivache:** traste, ferro-velho, tralha.
**Calzoncillo:** cueca.
**Camilla:** maca.
**Capitalino:** relativo à capital do estado/país.
**Capucha:** capuz.
**Carpeta:** pasta.
**Ceja:** sobrancelha; parte superior de um monte.
**Celda:** cela, célula.
**Cercano:** próximo.
**Cerciorar:** assegurar a alguém a verdade de algo.
**Chirimía:** instrumento musical.
**Cola:** cauda, rabo; fila; traseiro; cola.
**Colmillo:** canino (dente).
**Colmo:** cúmulo, auge.
**Conserje:** zelador, porteiro.
**Costumbre:** hábito, costume; conjunto de qualidades e usos que formam o caráter distintivo de uma pessoa ou nação; menstruação.
**Cotizar:** cotar, cotizar.
**Cubiertos:** talheres.
**Cuerno:** chifre, corno.
**Cumbre:** cume, pico; auge.

## d

**Derrochar:** desperdiçar.
**Desaprovechar:** não obter o máximo de rendimento de algo; deixar uma oportunidade passar; desperdiçar.
**Desayuno:** café da manhã.
**Desbordar:** transbordar.
**Desechable:** descartável.
**Desplazamiento:** deslocamento.
**Discrecional:** que não é regular.
**Disfrazar:** vestir uma fantasia; disfarçar; dissimular.

## e

**Embustero:** aquele que diz mentiras.
**Empacar:** empacotar; fazer as malas.
**Encabezado:** cabeçalho.
**Escalinata:** escadaria.
**Exhortar:** estimular, persuadir.
**Extranjero:** estrangeiro; estranho.

## f

**Fraile:** frade.

## g

**Gafas:** óculos.
**Gobierno:** governo, administração; autoridade; regime.
**Granjero (a):** granjeiro.
**Grasa:** gordura.
**Guácharo:** pássaro que vive no interior de cavernas em diversos países da América Latina.
**Guion:** roteiro; travessão; esboço.

## h

**Hallar:** achar, encontrar. Descobrir. Observar, notar. Encontrar-se.
**Hebilla:** fivela.
**Hierro:** ferro.
**Hilo:** linha, fio.
**Hogar:** lar.
**Hueco:** oco; buraco; vaidoso.
**Humeante:** esfumaçante.

## i

**Inagotable:** inesgotável.
**Incursionar:** realizar incursão.
**Infravalorar:** atribuir a algo ou alguém valor inferior ao que possui.
**Infusión:** líquido obtido quando se coloca água quente sobre substância para obter princípio ativo.

## j

**Joyería:** joalheria.
**Joyero (a):** joalheiro; porta-joias.
**Juez (a):** juiz.

## l

**Legación:** ato de legar, sede de missão diplomática.

**Letanía:** oração cristã; locuções.
**Liana:** cipó.
**Liviano:** leve; leviano, volúvel.
**Lujo:** luxo, ostentação, pompa.

## m

**Maleable:** maleável, elástico. Dócil, influenciável.
**Maleante:** meliante, delinquente.
**Malla:** malha (rede); vestuário de bailarinos; maiô.
**Manzanilla:** camomila.
**Masivo:** em massa.
**Mecanografía:** arte de escrever a máquina.
**Melena:** cabeleira.
**Mirada:** olhar.
**Mueble:** móvel.

## n

**Niñero (a):** babá; que gosta de crianças ou de criancices.
**Nudo:** nó.

## o

**Orilla:** beira, borda, margem, orla; calçada.
**Orografía:** parte da geografia que trata da descrição de montanhas; conjunto de montes de uma região.
**Otorgar:** conceder, outorgar.

## p

**Palanca:** alavanca, influência.
**Panadero (a):** padeiro.
**Pañuelo:** lenço.
**Papalote:** pipa.
**Parche:** remendo; tambor; emplastro; retoque.
**Párrafo:** parágrafo.
**Pastel:** bolo; torta; pastel; empada; conluio.
**Patilla:** costeleta; haste.
**Pavo:** peru; tonto, pamonha.
**Peatón:** pedestre.
**Pelo:** pelo, cabelo.
**Peña:** rocha, penha. Lugar para compartilhar folclore e comidas típicas.
**Pepitoria:** doce de abóbora. Conjunto de coisas sem ordem.
**Percatar:** dar-se conta de algo.
**Perejil:** salsa, salsinha.
**Pereza:** preguiça, moleza.
**Pesadilla:** pesadelo.
**Pieza:** peça (parte); representação teatral; cômodo.
**Plancha:** chapa, prancha.
**Plátano:** banana.
**Plática:** conversa, palestra.
**Portada:** capa; frontispício.
**Postre:** sobremesa.
**Probador:** provador.

## q

**Quizá:** talvez, porventura, quiçá, quem sabe.

## r

**Racha:** rajada de vento; maré; situação boa ou ruim.
**Rebuscar:** esquadrinhar; arrumar-se na vida.
**Reemplazar:** substituir.
**Regalo:** presente; agrado, gosto, satisfação.
**Rehén:** refém.
**Rociar:** borrifar; serenar, garoar.

## s

**Sarampión:** sarampo.
**Sartén:** frigideira.
**Sastre:** alfaiate.
**Servilleta:** guardanapo.
**Sobreexplotación:** utilizar em excesso os recursos naturais.
**Soleado:** ensolarado.
**Sudadera:** jaqueta com capuz; suor intenso.
**Sumar:** somar.
**Suministrar:** fornecer, ministrar.

## t

**Taller:** oficina.
**Tarjeta:** cartão.
**Templado:** temperado; moderado; morno; ameno.
**Temprano:** cedo; adiantado.
**Tetera:** chaleira.
**Tienda:** loja; tenda, barraca.
**Tijera:** tesoura.
**Tilde:** acento; til.
**Tono:** tom; caráter, estilo, modo.
**Tortuga:** tartaruga.
**Trueque:** troca, escambo.

## u

**Ubicar:** situar; localizar; ocupar.

## v

**Valija:** mala; malote.
**Ventaja:** vantagem.
**Vergüenza:** vergonha; pudor.